Bryn Mawr Greek Commentaries

Sophocles'
Oedipus at Colonus

Gilbert P. Rose

Thomas Library, Bryn Mawr College
Bryn Mawr, Pennsylvania

Series Preface

These lexical and grammatical notes are meant not as a full-scale commentary but as a clear and concise aid to the beginning student. The editors have been told to resist their critical impulses and to say only what will help the student read the text. Our commentaries, then, are the beginning of the interpretative process, not the end.

We expect that the student will know the basic Attic declensions and conjugations, basic grammar (the common functions of cases and moods; the common types of clauses and conditions), and how to use a dictionary. In general we have tried to avoid duplication of material easily extractable from the lexicon, but we have included help with odd verb forms, and, recognizing that endless page-flipping can be counter-productive, we have provided the occasional bonus of assistance with uncommon vocabulary. The bibliography lists a few books in English that have proved useful as secondary reading.

Production of these commentaries has been made possible by a generous grant from the Division of Education Programs, the National Endowment for the Humanities.

Copy for this volume was prepared at the University of Calgary, Department of Classics.

Richard Hamilton,
General Editor

Gregory W. Dickerson,
Associate Editor

Gilbert P. Rose,
Associate Editor

iii

Volume Preface

In late 406 B.C. or early 405, little more than a year before Athens would suffer defeat in the Peloponnesian War, the great period of Greek tragedy came to an end. Euripides had died shortly before and now at about age ninety Sophocles too died. Not until 401, however, was one of his best plays produced, a play almost comparable in power to Euripides' very late *Bacchae*.

The story of the legendary ruling house of Thebes, one of whose members was Oedipus, proved highly popular with the Greek tragedians. Sophocles himself had had *Antigone* produced as early as 441 and some years later *Oedipus Tyrannus*. (Clearly these two plus *Oedipus at Colonus* do not constitute a trilogy in the sense exemplified by the plays of Aeschylus' *Oresteia*.) In terms of the story-line *Oedipus at Colonus* falls between the other two: at the end of *Oedipus Tyrannus*, Oedipus is a ruined man seeking but not yet receiving exile as his lot; in *Antigone* he is already dead, as are his two sons, Polyneices and Eteocles.

The setting for *Oedipus at Colonus* is Sophocles' own birthplace, a district just outside of Athens. The play opens, remarkably, with the main character at his nadir. After a series of deeply threatening confrontations, *Oedipus at Colonus* culminates with his mysterious, divinely-managed death off-stage, which in turn implies a new status for him, that of local cult hero. In many Greek localities the supposed gravesite of a great figure of legend would be a center of worship and propitiation, since it was from the gravesite that the hero's immortal power was thought to emanate. Before Sophocles' play Oedipus himself actually had a cult at Colonus, as did the dread goddesses here called the Eumenides. What Sophocles seems to have done, then, is to take a local ritual tradition, give it dramatic form, and graft it onto *Oedipus Tyrannus*. Further, throughout *Oedipus at Colonus* but especially as he approached the end, the playwright created an atmosphere of dire foreboding by reminding his audience of the disasters awaiting Oedipus' children, the events that lay behind and within his own *Antigone*.

The text used here is the Cambridge text of 1897 (reprinted 1957) established by Sir Richard Jebb. The commentary is heavily indebted to Jebb's notes, as well as to Kamerbeek's (see Abbreviations for both). As a bow to tradition the divisions of a tragedy as given in chapter twelve of Aristotle's *Poetics* have been used, although they are by no means ideal as structural markers (see O. Taplin, *The Stagecraft of Aeschylus* [Oxford 1977] pp. 50 ff.). The annotations themselves are based on the assumption that this may be the first tragedy the reader is studying in Greek.

The preparation of this edition was generously aided by Swarthmore College through its Research Fund.

Gilbert P. Rose
Swarthmore, PA, 1988

Metrical Note

The Greek tragedies are composed of episodes, scenes where characters speak and the plot develops, and odes, songs by the chorus. Each element has its own form and appropriate meters.

The regular meter in episodes is iambic trimeter. Each line comprises three metrical units or "metra" of the shape x — u —, so a whole line may be diagrammed: x — u — / x — u — / x — u x (where — is a long syllable, u is a short syllable and x is a syllable long or short).

A syllable is long if it contains (a) a long vowel or a diphthong or (b) a short vowel followed by two consonants (ζ, ξ, ψ count as double consonants). One or both consonants may belong to the beginning of the following word; but mute consonants (π, β, φ, κ, γ, χ, τ, δ, θ) followed by a liquid or nasal consonant (λ, ρ, μ, ν) do not normally count as two consonants.

A syllable is short if it contains a short vowel and is not lengthened by the double consonant rule. The Greek vowels ε and o are always short; η and ω are always long; α, ι, υ may be long or short by nature, and their natural quantities in the root of any given word are normally noted in the lexicon.

Thus we may analyze ("scan") the second line of *OC* as follows:

— — u —/ u — u —/ — — u u
χώρους ἀφίγμεθ' ἢ τίνων ἀνδρῶν πόλιν;

Metrical license permits, among other things, the "resolution" of a long syllable into two shorts and even the replacement of a single short by two shorts, as in line one:

u — u —/ u — u —/ u u — u u
τέκνον τυφλοῦ γέροντος 'Αντιγόνη, τίνας

Most lines have word-end after either the fifth or seventh syllable ("caesura").

Lyric meters, used mainly in odes, are more complicated. For these the reader should consult a handbook on Greek meters.

ΟΙΔΙΠΟΥΣ ΕΠΙ ΚΟΛΩΝΩΙ.

ΟΙΔΙΠΟΥΣ.

ΤΕΚΝΟΝ τυφλοῦ γέροντος 'Αντιγόνη, τίνας
χώρους ἀφίγμεθ᾽ ἢ τίνων ἀνδρῶν πόλιν;
τίς τὸν πλανήτην Οἰδίπουν καθ᾽ ἡμέραν
τὴν νῦν σπανιστοῖς δέξεται δωρήμασιν;
σμικρὸν μὲν ἐξαιτοῦντα, τοῦ σμικροῦ δ᾽ ἔτι   5
μεῖον φέροντα, καὶ τόδ᾽ ἐξαρκοῦν ἐμοί·
στέργειν γὰρ αἱ πάθαι με χὠ χρόνος ξυνὼν
μακρὸς διδάσκει καὶ τὸ γενναῖον τρίτον.
ἀλλ᾽, ὦ τέκνον, θάκησιν εἴ τινα βλέπεις
ἢ πρὸς βεβήλοις ἢ πρὸς ἄλσεσιν θεῶν,   10
στῆσόν με κἀξίδρυσον, ὡς πυθώμεθα
ὅπου ποτ᾽ ἐσμέν· μανθάνειν γὰρ ἥκομεν
ξένοι πρὸς ἀστῶν, ἃν δ᾽ ἀκούσωμεν τελεῖν.

ΑΝΤΙΓΟΝΗ.

πάτερ ταλαίπωρ᾽ Οἰδίπους, πύργοι μὲν οἳ
πόλιν στέγουσιν, ὡς ἀπ᾽ ὀμμάτων, πρόσω·   15
χῶρος δ᾽ ὅδ᾽ ἱρός, ὡς σάφ᾽ εἰκάσαι, βρύων

9 θάκοισιν MSS.: corr. Seidler.   11 πυθοίμεθα MSS. : corr. Brunck.
13 ἃν δ᾽ Elmsley: ἂν L, A: χἃν r.   16 ὡς σάφ᾽ εἰκάσαι A: ὡς
ἀφεικάσαι L (with π written over φ by S): ὡς ἀπεικάσαι vulg.

δάφνης, ἐλαίας, ἀμπέλου· πυκνόπτεροι δ'
εἴσω κατ' αὐτὸν εὐστομοῦσ' ἀηδόνες·
οὗ κῶλα κάμψον τοῦδ' ἐπ' ἀξέστου πέτρου·
μακρὰν γὰρ ὡς γέροντι προὐστάλης ὁδόν.   20
ΟΙ. κάθιζέ νύν με καὶ φύλασσε τὸν τυφλόν.
ΑΝ. χρόνου μὲν οὕνεκ' οὐ μαθεῖν με δεῖ τόδε.
ΟΙ. ἔχεις διδάξαι δή μ' ὅποι καθέσταμεν;
ΑΝ. τὰς γοῦν Ἀθήνας οἶδα, τὸν δὲ χῶρον οὔ.
ΟΙ. πᾶς γάρ τις ηὔδα τοῦτό γ' ἡμὶν ἐμπόρων.   25
ΑΝ. ἀλλ' ὅστις ὁ τόπος ἢ μάθω μολοῦσά ποι;
ΟΙ. ναί, τέκνον, εἴπερ ἐστί γ' ἐξοικήσιμος.
ΑΝ. ἀλλ' ἐστὶ μὴν οἰκητός· οἴομαι δὲ δεῖν
οὐδέν· πέλας γὰρ ἄνδρα τόνδε νῷν ὁρῶ.
ΟΙ. ἦ δεῦρο προσστείχοντα κἀξορμώμενον;   30
ΑΝ. καὶ δὴ μὲν οὖν παρόντα· χὤ τι σοι λέγειν
εὔκαιρόν ἐστιν, ἔννεφ', ὡς ἀνὴρ ὅδε.
ΟΙ. ὦ ξεῖν', ἀκούων τῆσδε τῆς ὑπέρ τ' ἐμοῦ
αὐτῆς θ' ὁρώσης οὕνεχ' ἡμὶν αἴσιος
σκοπὸς προσήκεις ὧν ἀδηλοῦμεν φράσαι—   35

ΞΕΝΟΣ.

πρίν νυν τὰ πλείον' ἱστορεῖν, ἐκ τῆσδ' ἕδρας
ἔξελθ'· ἔχεις γὰρ χῶρον οὐχ ἁγνὸν πατεῖν.
ΟΙ. τίς δ' ἔσθ' ὁ χῶρος; τοῦ θεῶν νομίζεται;
ΞΕ. ἄθικτος οὐδ' οἰκητός· αἱ γὰρ ἔμφοβοι
θεαί σφ' ἔχουσι, Γῆς τε καὶ Σκότου κόραι.   40
ΟΙ. τίνων τὸ σεμνὸν ὄνομ' ἂν εὐξαίμην κλύων;
ΞΕ. τὰς πάνθ' ὁρώσας Εὐμενίδας ὅ γ' ἐνθάδ' ἂν
εἴποι λεώς νιν· ἄλλα δ' ἀλλαχοῦ καλά.
ΟΙ. ἀλλ' ἵλεῳ μὲν τὸν ἱκέτην δεξαίατο·
ὡς οὐχ ἕδρας γῆς τῆσδ' ἂν ἐξέλθοιμ' ἔτι.   45

30 προσστείχοντα MSS.: corr. Dindorf.   35 ὧν Elmsley: τῶν MSS.
42 ἐνθάδ' ὧν MSS.: corr. Vauvilliers.   45 ὡς Elmsley: ὥστ' MSS.

ΞΕ. τί δ' ἐστὶ τοῦτο; ΟΙ. ξυμφορᾶς ξύνθημ' ἐμῆς.

ΞΕ. ἀλλ' οὐδ' ἐμοί τοι τοὐξανιστάναι πόλεως
δίχ' ἐστὶ θάρσος, πρίν γ' ἂν ἐνδείξω τί δρῶ.

ΟΙ. πρός νυν θεῶν, ὦ ξεῖνε, μή μ' ἀτιμάσῃς,
τοιόνδ' ἀλήτην, ὧν σε προστρέπω φράσαι.   50

ΞΕ. σήμαινε, κοὐκ ἄτιμος ἔκ γ' ἐμοῦ φανεῖ.

ΟΙ. τίς ἔσθ' ὁ χῶρος δῆτ' ἐν ᾧ βεβήκαμεν;

ΞΕ. ὅσ' οἶδα κἀγὼ πάντ' ἐπιστήσει κλύων.
χῶρος μὲν ἱρὸς πᾶς ὅδ' ἔστ'· ἔχει δέ νιν
σεμνὸς Ποσειδῶν· ἐν δ' ὁ πυρφόρος θεὸς   55
Τιτὰν Προμηθεύς· ὃν δ' ἐπιστείβεις τόπον
χθονὸς καλεῖται τῆσδε χαλκόπους ὁδός,
ἔρεισμ' Ἀθηνῶν· οἱ δὲ πλησίοι γύαι
τόνδ' ἱππότην Κολωνὸν εὔχονται σφίσιν
ἀρχηγὸν εἶναι, καὶ φέρουσι τοὔνομα   60
τὸ τοῦδε κοινὸν πάντες ὠνομασμένοι.
τοιαῦτά σοι ταῦτ' ἐστίν, ὦ ξέν', οὐ λόγοις
τιμώμεν', ἀλλὰ τῇ ξυνουσίᾳ πλέον.

ΟΙ. ἦ γάρ τινες ναίουσι τούσδε τοὺς τόπους;

ΞΕ. καὶ κάρτα, τοῦδε τοῦ θεοῦ γ' ἐπώνυμοι.   65

ΟΙ. ἄρχει τις αὐτῶν, ἢ 'πὶ τῷ πλήθει λόγος;

ΞΕ. ἐκ τοῦ κατ' ἄστυ βασιλέως τάδ' ἄρχεται.

ΟΙ. οὗτος δὲ τίς λόγῳ τε καὶ σθένει κρατεῖ;

ΞΕ. Θησεὺς καλεῖται, τοῦ πρὶν Αἰγέως τόκος.

ΟΙ. ἆρ' ἄν τις αὐτῷ πομπὸς ἐξ ὑμῶν μόλοι;   70

ΞΕ. ὡς πρὸς τί λέξων ἢ καταρτύσων μολεῖν;

ΟΙ. ὡς ἂν προσαρκῶν σμικρὰ κερδάνῃ μέγα.

ΞΕ. καὶ τίς πρὸς ἀνδρὸς μὴ βλέποντος ἄρκεσις;

ΟΙ. ὅσ' ἂν λέγωμεν πάνθ' ὁρῶντα λέξομεν.

ΞΕ. οἶσθ', ὦ ξέν', ὡς νῦν μὴ σφαλῇς; ἐπείπερ εἶ   75
γενναῖος, ὡς ἰδόντι, πλὴν τοῦ δαίμονος·
αὐτοῦ μέν', οὗπερ κἀφάνης, ἕως ἐγὼ

ΣΟΦΟΚΛΕΟΥΣ

τοῖς ἐνθάδ' αὐτοῦ, μὴ κατ' ἄστυ, δημόταις
λέξω τάδ' ἐλθών· οἵδε γὰρ κρινοῦσί σοι
εἰ χρή σε μίμνειν ἢ πορεύεσθαι πάλιν.   80
ΟΙ. ὦ τέκνον, ἦ βέβηκεν ἡμῖν ὁ ξένος;
ΑΝ. βέβηκεν, ὥστε πᾶν ἐν ἡσύχῳ, πάτερ,
ἔξεστι φωνεῖν, ὡς ἐμοῦ μόνης πέλας.
ΟΙ. ὦ πότνιαι δεινῶπες, εὖτε νῦν ἕδρας
πρώτων ἐφ' ὑμῶν τῆσδε γῆς ἔκαμψ' ἐγώ,   85
Φοίβῳ τε κἀμοὶ μὴ γένησθ' ἀγνώμονες,
ὅς μοι, τὰ πόλλ' ἐκεῖν' ὅτ' ἐξέχρη κακά,
ταύτην ἔλεξε παῦλαν ἐν χρόνῳ μακρῷ,
ἐλθόντι χώραν τερμίαν, ὅπου θεῶν
σεμνῶν ἕδραν· λάβοιμι καὶ ξενόστασιν,   90
ἐνταῦθα κάμψειν τὸν ταλαίπωρον βίον,
κέρδη μέν, οἰκήσαντα, τοῖς δεδεγμένοις,
ἄτην δὲ τοῖς πέμψασιν, οἵ μ' ἀπήλασαν·
σημεῖα δ' ἥξειν τῶνδέ μοι παρηγγύα,
ἢ σεισμόν, ἢ βροντήν τιν', ἢ Διὸς σέλας.   95
ἔγνωκα μέν νυν ὥς με τήνδε τὴν ὁδὸν
οὐκ ἔσθ' ὅπως οὐ πιστὸν ἐξ ὑμῶν πτερὸν
ἐξήγαγ' εἰς τόδ' ἄλσος. οὐ γὰρ ἄν ποτε
πρώταισιν ὑμῖν ἀντέκυρσ' ὁδοιπορῶν,
νήφων ἀοίνοις, κἀπὶ σεμνὸν ἐζόμην   100
βάθρον τόδ' ἀσκέπαρνον. ἀλλά μοι, θεαί,
βίου κατ' ὀμφὰς τὰς Ἀπόλλωνος δότε
πέρασιν ἤδη καὶ καταστροφήν τινα,
εἰ μὴ δοκῶ τι μειόνως ἔχειν, ἀεὶ
μόχθοις λατρεύων τοῖς ὑπερτάτοις βροτῶν.   105
ἴτ', ὦ γλυκεῖαι παῖδες ἀρχαίου Σκότου,
ἴτ', ὦ μεγίστης Παλλάδος καλούμεναι
πασῶν Ἀθῆναι τιμιωτάτη πόλις,

---

78 τοῖς Turnebus: τοῖσδ' MSS.   80 εἰ χρή Turnebus: ἢ χρή MSS.
92 οἰκίσαντα conj. Doederlein.

ΟΙΔΙΠΟΥΣ ΕΠΙ ΚΟΛΩΝΩΙ

οἰκτίρατ' ἀνδρὸς Οἰδίπου τόδ' ἄθλιον
εἴδωλον· οὐ γὰρ δὴ τό γ' ἀρχαῖον δέμας.   110

AN. σίγα. πορεύονται γὰρ οἵδε δή τινες
χρόνῳ παλαιοί, σῆς ἕδρας ἐπίσκοποι.

OI. σιγήσομαί τε καὶ σύ μ' ἐξ ὁδοῦ πόδα
κρύψον κατ' ἄλσος, τῶνδ' ἕως ἂν ἐκμάθω
τίνας λόγους ἐροῦσιν. ἐν γὰρ τῷ μαθεῖν   115
ἔνεστιν ηὐλάβεια τῶν ποιουμένων.

ΧΟΡΟΣ.

στρ. α'. ὅρα· τίς ἄρ' ἦν; ποῦ ναίει;   117
2 ποῦ κυρεῖ ἐκτόπιος συθεὶς ὁ πάντων,
3 ὁ πάντων ἀκορέστατος;   120
4 προσδέρκου, λεῦσσε δή,
5 προσπεύθου πανταχῇ·
6 πλανάτας,
7 πλανάτας τις ὁ πρέσβυς, οὐδ' ἔγχωρος· προσέβα
γὰρ οὐκ ἄν ποτ' ἀστιβὲς ἄλσος ἐς   125
8 τᾶνδ' ἀμαιμακετᾶν κορᾶν, ἃς τρέμομεν λέγειν καὶ
9 παραμειβόμεσθ' ἀδέρκτως, ἀφώνως, ἀλόγως τὸ τᾶς
εὐφάμου στόμα φροντίδος   132
10 ἱέντες· τὰ δὲ νῦν τιν' ἥκειν λόγος οὐδὲν ἄζονθ',
11 ὃν ἐγὼ λεύσσων περὶ πᾶν οὔπω   135
12 δύναμαι τέμενος γνῶναι ποῦ μοί
13 ποτε ναίει.

σύστ. α'. OI. ὅδ' ἐκεῖνος ἐγώ· φωνῇ γὰρ ὁρῶ,
τὸ φατιζόμενον.

XO. ἰὼ ἰώ,   140
δεινὸς μὲν ὁρᾶν, δεινὸς δὲ κλύειν.

---

113 ἐξ ὁδοῦ πόδα MSS. : ἐκποδὼν ὁδοῦ conj. H. Keck.   **121** λεῦσατ'
αὐτὸν· προσδέρκου | προσπεύθου πανταχῆι L : προσπεύθου, λεῦσσέ νιν, | προσ-
δέρκου πανταχῇ Hermann: and so Schneidewin, but without transposing
προσδέρκου and προσπεύθου. (δή instead of νιν J.)

ΣΟΦΟΚΛΕΟΥΣ

ΟΙ. μή μ᾽, ἱκετεύω, προσίδητ᾽ ἄνομον.
ΧΟ. Ζεῦ ἀλεξῆτορ, τίς ποθ᾽ ὁ πρέσβυς ;
ΟΙ. οὐ πάνυ μοίρας εὐδαιμονίσαι
    πρώτης, ὦ τῆσδ᾽ ἔφοροι χώρας.   145
    δηλῶ δ᾽· οὐ γὰρ ἂν ὦδ᾽ ἀλλοτρίοις
    ὄμμασιν εἶρπον
    κἀπὶ σμικροῖς μέγας ὥρμουν.

ἀντ. α'. ΧΟ. ἐή· ἀλαῶν ὀμμάτων   149
2 ἆρα καὶ ἦσθα φυτάλμιος; δυσαίων
3 μακραίων θ᾽, ὅσ᾽ ἐπεικάσαι.   152
4 ἀλλ᾽ οὐ μὰν ἔν γ᾽ ἐμοὶ
5 προσθήσει τάσδ᾽ ἀράς.
6 περᾷς γάρ,
7 περᾷς· ἀλλ᾽ ἵνα τῷδ᾽ ἐν ἀφθέγκτῳ μὴ προπέσῃς
    νάπει ποιάεντι, κάθυδρος οὗ   157
8 κρατὴρ μειλιχίων ποτῶν ῥεύματι συντρέχει· τό, 160
9 ξένε πάμμορ᾽, εὖ φύλαξαι· μετάσταθ᾽, ἀπόβαθι.
    πολλὰ κέλευθος ἐρατύει·
10 κλύεις, ὦ πολύμοχθ᾽ ἀλᾶτα; λόγον εἴ τιν᾽ οἴσεις 166
11 πρὸς ἐμὰν λέσχαν, ἀβάτων ἀποβάς,
12 ἵνα πᾶσι νόμος, φώνει· πρόσθεν δ᾽
13 ἀπερύκου.

σύστ. β'. ΟΙ. θύγατερ, ποῖ τις φροντίδος ἔλθῃ;   170
ΑΝ. ὦ πάτερ, ἀστοῖς ἴσα χρὴ μελετᾶν,
    εἴκοντας ἃ δεῖ κἀκούοντας.
ΟΙ. πρόσθιγέ νύν μου. ΑΝ. ψαύω καὶ δή.
ΟΙ. ὦ ξεῖνοι, μὴ δῆτ᾽ ἀδικηθῶ
    σοὶ πιστεύσας καὶ μεταναστάς.   175

152 ὡς ἐπεικάσαι MSS.: corr. Bothe.   153 προσθήσεις MSS. :
corr. Blaydes and Postgate.   156 προσπέσῃς MSS. : corr. Hermann.
161 τό Heath : τῶν L (τὸν r).   166 εἴ τιν᾽ ἔχεις MSS.: but L has οἴσεις
superscript (prob. by S).   172 κ᾽ οὐκἀκούοντας L: κοὐκ ἀκούοντας or
κοὐκ ἄκοντας r : corr. Musgrave.

ΟΙΔΙΠΟΥΣ ΕΠΙ ΚΟΛΩΝΩΙ

στρ. β'. ΧΟ. οὔ τοι μήποτέ σ' ἐκ τῶνδ' ἑδράνων, ὦ
γέρον, ἄκοντά τις ἄξει.

ΟΙ. 2 ἔτ' οὖν; ΧΟ. ἔτι βαῖνε πόρσω.   178

ΟΙ. 3 ἔτι; ΧΟ. προβίβαζε, κούρα,   180
4 πόρσω· σὺ γὰρ ἀΐεις.

ΑΝ. 5 ◡◡◡ | ◡◡ | –◡ | ⌞ ‖ –

ΟΙ. 6 – – – – ◠

ΑΝ. 7 ◡ | ◡◡ | –◡ | – ∧ ⟧
8 ἕπεο μάν, ἕπε' ὧδ' ἀμαυρῷ κώλῳ, πάτερ, ᾇ σ' ἄγω.

ΟΙ. 9 –> | ◡◡ | ⌞ | – ∧ ⟧

ΧΟ. 10 τόλμα ξεῖνος ἐπὶ ξένης,
11 ὦ τλάμων, ὅ τι καὶ πόλις   185
12 τέτροφεν ἄφιλον ἀποστυγεῖν
13 καὶ τὸ φίλον σέβεσθαι.

σύστ. γ'. ΟΙ. ἄγε νυν σύ με, παῖ,
ἵν' ἂν εὐσεβίας ἐπιβαίνοντες
τὸ μὲν εἴποιμεν, τὸ δ' ἀκούσαιμεν,   190
καὶ μὴ χρείᾳ πολεμῶμεν.

ἀντ. β'. ΧΟ. αὐτοῦ, μηκέτι τοῦδ' αὐτοπέτρου βήματος
ἔξω πόδα κλίνῃς.

ΟΙ. 2 οὕτως; ΧΟ. ἅλις, ὡς ἀκούεις.

ΟΙ. 3 ἦ ἐσθῶ; ΧΟ. λέχριός γ' ἐπ' ἄκρου   195
4 λᾶος βραχὺς ὀκλάσας.

ΑΝ. 5 πάτερ, ἐμὸν τόδ'· ἐν ἡσυχαίᾳ

ΟΙ. 6 ἰώ μοί μοι.

ΑΝ. 7 βάσει βάσιν ἅρμοσαι,
8 γεραὸν ἐς χέρα σῶμα σὸν προκλίνας φιλίαν ἐμάν.

ΟΙ. 9 ὤμοι δύσφρονος ἄτας.   202

---

178 ἔτ' οὖν ἔτι προβῶ; MSS.: Bothe del. ἔτι προβῶ.—ἐπίβαινε MSS.:
corr. Reiske.   190 εἴποιμεν...ἀκούσαιμεν L: εἴπωμεν...ἀκούσωμεν Α.
192 ἀντιπέτρου MSS.: corr. Musgrave.   195 ἦ 'σθῶ L, with γρ. ἦ στῶ;
197 ἐν ἡσυχίᾳ MSS.: corr. Reisig.   199 ἁρμόσαι MSS.: corr. Elmsley.

ΣΟΦΟΚΛΕΟΥΣ

ΧΟ. 10 ὦ τλάμων, ὅτε νῦν χαλᾷς,
11 αὔδασον, τίς ἔφυς βροτῶν;
12 τίς ὁ πολύπονος ἄγει; τίν' ἂν   205
13 σοῦ πατρίδ' ἐκπυθοίμαν;

ἀνομοιό- ΟΙ. ὦ ξένοι, ἀπόπτολις· ἀλλὰ μὴ ΧΟ. τί τόδ'
στρ. ἀπεννέπεις, γέρον;   209
ΟΙ. μή, μή μ' ἀνέρῃ τίς εἰμι, μηδ' ἐξετάσῃς πέρα
ματεύων.
ΧΟ. τί τόδ'; ΟΙ. αἰνὰ φύσις. ΧΟ. αὔδα. ΟΙ. τέκνον,
ὤμοι, τί γεγώνω;
ΧΟ. τίνος εἶ σπέρματος, ὦ ξένε, φώνει, πατρόθεν.   215
ΟΙ. ὤμοι ἐγώ, τί πάθω, τέκνον ἐμόν;
ΑΝ. λέγ', ἐπείπερ ἐπ' ἔσχατα βαίνεις.
ΟΙ. ἀλλ' ἐρῶ· οὐ γὰρ ἔχω κατακρυφάν.
ΧΟ. μακρὰ μέλλετον, ἀλλὰ τάχυνε.
ΟΙ. Λαΐου ἴστε τιν'; ὤ. ΧΟ. ἰοὺ ἰού.   220
ΟΙ. τό τε Λαβδακιδᾶν γένος; ΧΟ. ὦ Ζεῦ.
ΟΙ. ἄθλιον Οἰδιπόδαν; ΧΟ. σὺ γὰρ ὅδ' εἶ;
ΟΙ. δέος ἴσχετε μηδὲν ὅσ' αὐδῶ.
ΧΟ. ἰώ, ὦ ὤ· ΟΙ. δύσμορος. ΧΟ. ὦ ὤ.
ΟΙ. θύγατερ, τί ποτ' αὐτίκα κύρσει;   225
ΧΟ. ἔξω πόρσω βαίνετε χώρας.
ΟΙ. ἃ δ' ὑπέσχεο ποῖ καταθήσεις;
ΧΟ. οὐδενὶ μοιριδία τίσις ἔρχεται
ὧν προπάθῃ τὸ τίνειν·
ἀπάτα δ' ἀπάταις ἑτέραις ἑτέρα   230
παραβαλλομένα πόνον, οὐ χάριν, ἀντιδίδωσιν ἔχειν.
σὺ δὲ τῶνδ' ἑδράνων πάλιν ἔκτοπος αὖθις ἄφορμος
ἐμᾶς

210 μὴ μὴ μή μ' MSS. : corr. Hartung.   212 τί τόδε; ΟΙ. δεινὰ
MSS.: corr. Wunder.   217 βαίνεις Triclinius: μένεις L, A, vulg.
219 μέλλετ' L (μέλλετέ γ' Triclinius) : corr. Hermann.   220 Λαΐου
ἴστε τιν' ἀπόγονον; MSS.: corr. Reisig.

χθονὸς ἔκθορε, μή τι πέρα χρέος   235
ἐμᾷ πόλει προσάψῃς.

ΑΝ. ὦ ξένοι αἰδόφρονες,
ἀλλ᾽ ἐπεὶ γεραὸν [ἀλαὸν] πατέρα
τόνδ᾽ ἐμὸν οὐκ ἀνέτλατ᾽, ἔργων
ἀκόντων ἀΐοντες αὐδάν,   240
ἀλλ᾽ ἐμὲ τὰν μελέαν, ἱκετεύομεν,
ὦ ξένοι, οἰκτίραθ᾽, ἃ
πατρὸς ὑπὲρ τοὐμοῦ μόνου ἄντομαι,
ἄντομαι οὐκ ἀλαοῖς προσορωμένα
ὄμμα σὸν ὄμμασιν, ὥς τις ἀφ᾽ αἵματος   245
ὑμετέρου προφανεῖσα, τὸν ἄθλιον
αἰδοῦς κῦρσαι. ἐν ὕμμι γὰρ ὡς θεῷ
κείμεθα τλάμονες. ἀλλ᾽ ἴτε, νεύσατε
τὰν ἀδόκητον χάριν.
πρός σ᾽ ὅ τι σοι φίλον ἐκ σέθεν ἄντομαι,   250
ἢ τέκνον ἢ λέχος ἢ χρέος ἢ θεός.
οὐ γὰρ ἴδοις ἂν ἀθρῶν βροτῶν
ὅστις ἄν, εἰ θεὸς ἄγοι,
ἐκφυγεῖν δύναιτο.

ΧΟ. ἀλλ᾽ ἴσθι, τέκνον Οἰδίπου, σέ τ᾽ ἐξ ἴσου
οἰκτίρομεν καὶ τόνδε συμφορᾶς χάριν·   255
τὰ δ᾽ ἐκ θεῶν τρέμοντες οὐ σθένοιμεν ἂν
φωνεῖν πέρα τῶν πρὸς σὲ νῦν εἰρημένων.

ΟΙ. τί δῆτα δόξης ἢ τί κληδόνος καλῆς
μάτην ῥεούσης ὠφέλημα γίγνεται,
εἰ τάς γ᾽ Ἀθήνας φασὶ θεοσεβεστάτας   260

238 ἀλαὸν, which was inserted in the text of L by S, is absent from A
and most of the other MSS.   243 τοὐμοῦ μόνου Hermann: τοῦ μόνου
L, A, vulg.: τοὐμοῦ (without μόνου) Triclinius. τοῦδ᾽ ἀμμόρου conj. J.
247 ὕμμι Bergk: ὑμῖν MSS.   251 λέχος Reiske: λόγος MSS.
260 τάς γ᾽ Roman editor of scholia (J. A. Lascaris), A.D. 1518: τάς τ᾽ L,
A: τὰς Τ.

ΣΟΦΟΚΛΕΟΥΣ

εἶναι, μόνας δὲ τὸν κακούμενον ξένον
σώζειν οἵας τε καὶ μόνας ἀρκεῖν ἔχειν;
κἄμοιγε ποῦ ταῦτ᾽ ἐστίν; οἵτινες βάθρων
ἐκ τῶνδέ μ᾽ ἐξάραντες εἶτ᾽ ἐλαύνετε,
ὄνομα μόνον δείσαντες· οὐ γὰρ δὴ τό γε   265
σῶμ᾽ οὐδὲ τἄργα τἄμ᾽· ἐπεὶ τά γ᾽ ἔργα μου
πεπονθότ᾽ ἐστὶ μᾶλλον ἢ δεδρακότα,
εἴ σοι τὰ μητρὸς καὶ πατρὸς χρείη λέγειν,
ὧν οὕνεκ᾽ ἐκφοβεῖ με· τοῦτ᾽ ἐγὼ καλῶς
ἔξοιδα. καίτοι πῶς ἐγὼ κακὸς φύσιν,   270
ὅστις παθὼν μὲν ἀντέδρων, ὥστ᾽ εἰ φρονῶν
ἔπρασσον, οὐδ᾽ ἂν ὧδ᾽ ἐγιγνόμην κακός;
νῦν δ᾽ οὐδὲν εἰδὼς ἱκόμην ἵν᾽ ἱκόμην,
ὑφ᾽ ὧν δ᾽ ἔπασχον, εἰδότων ἀπωλλύμην.
ἀνθ᾽ ὧν ἱκνοῦμαι πρὸς θεῶν ὑμᾶς, ξένοι,   275
ὥσπερ με κἀνεστήσαθ᾽, ὧδε σώσατε,
καὶ μὴ θεοὺς τιμῶντες εἶτα τοὺς θεοὺς
μοίραις ποεῖσθε μηδαμῶς· ἡγεῖσθε δὲ
βλέπειν μὲν αὐτοὺς πρὸς τὸν εὐσεβῆ βροτῶν,
βλέπειν δὲ πρὸς τοὺς δυσσεβεῖς, φυγὴν δέ του   280
μήπω γενέσθαι φωτὸς ἀνοσίου βροτῶν.
ξὺν οἷς σὺ μὴ κάλυπτε τὰς εὐδαίμονας
ἔργοις Ἀθήνας ἀνοσίοις ὑπηρετῶν,
ἀλλ᾽ ὥσπερ ἔλαβες τὸν ἱκέτην ἐχέγγυον,
ῥύου με κἀκφύλασσε· μηδέ μου κάρα   285
τὸ δυσπρόσοπτον εἰσορῶν ἀτιμάσῃς.
ἥκω γὰρ ἱερὸς εὐσεβής τε καὶ φέρων
ὄνησιν ἀστοῖς τοῖσδ᾽· ὅταν δ᾽ ὁ κύριος
παρῇ τις, ὑμῶν ὅστις ἐστὶν ἡγεμών,
τότ᾽ εἰσακούων πάντ᾽ ἐπιστήσει· τὰ δὲ   290
μεταξὺ τούτου μηδαμῶς γίγνου κακός.
ΧΟ. ταρβεῖν μέν, ὦ γεραιέ, τἀνθυμήματα

278 μοίραις L, A, vulg.: μοίρας r.

πολλή 'στ' ἀνάγκη τἀπὸ σοῦ· λόγοισι γὰρ
οὐκ ὠνόμασται βραχέσι· τοὺς δὲ τῆσδε γῆς
ἄνακτας ἀρκεῖ ταῦτά μοι διειδέναι.   295
ΟΙ. καὶ ποῦ 'σθ' ὁ κραίνων τῆσδε τῆς χώρας, ξένοι;
ΧΟ. πατρῷον ἄστυ γῆς ἔχει· σκοπὸς δέ νιν
ὃς κἀμὲ δεῦρ' ἔπεμψεν οἴχεται στελῶν.
ΟΙ. ἦ καὶ δοκεῖτε τοῦ τυφλοῦ τιν' ἐντροπὴν
ἢ φροντίδ' ἕξειν, αὐτὸν ὥστ' ἐλθεῖν πέλας;   300
ΧΟ. καὶ κάρθ', ὅταν περ τοὔνομ' αἴσθηται τὸ σόν.
ΟΙ. τίς δ' ἔσθ' ὁ κείνῳ τοῦτο τοὔπος ἀγγελῶν;
ΧΟ. μακρὰ κέλευθος· πολλὰ δ' ἐμπόρων ἔπη
φιλεῖ πλανᾶσθαι, τῶν ἐκεῖνος ἀίων,
θάρσει, παρέσται. πολὺ γάρ, ὦ γέρον, τὸ σὸν   305
ὄνομα διήκει πάντας, ὥστε κεἰ βραδὺς
εὕδει, κλύων σοῦ δεῦρ' ἀφίξεται ταχύς.
ΟΙ. ἀλλ' εὐτυχὴς ἵκοιτο τῇ θ' αὐτοῦ πόλει
ἐμοί τε· τίς γὰρ ἐσθλὸς οὐχ αὐτῷ φίλος;
ΑΝ. ὦ Ζεῦ, τί λέξω; ποῖ φρενῶν ἔλθω, πάτερ;   310
ΟΙ. τί δ' ἔστι, τέκνον 'Αντιγόνη; ΑΝ. γυναῖχ' ὁρῶ
στείχουσαν ἡμῶν ἆσσον, Αἰτναίας ἐπὶ
πώλου βεβῶσαν· κρατὶ δ' ἡλιοστερὴς
κυνῆ πρόσωπα Θεσσαλίς νιν ἀμπέχει.
τί φῶ;   315
ἆρ' ἔστιν; ἆρ' οὐκ ἔστιν; ἢ γνώμη πλανᾷ;
καὶ φημὶ κἀπόφημι κοὐκ ἔχω τί φῶ.
τάλαινα·
οὐκ ἔστιν ἄλλη. φαιδρὰ γοῦν ἀπ' ὀμμάτων
σαίνει με προσστείχουσα· σημαίνει δ' ὅτι   320
μόνης τόδ' ἐστὶ δῆλον 'Ισμήνης κάρα.
ΟΙ. πῶς εἶπας, ὦ παῖ; ΑΝ. παῖδα σήν, ἐμὴν δ' ὁρᾶν
ὅμαιμον· αὐδῇ δ' αὐτίκ' ἔξεστιν μαθεῖν.

300 αὐτὸν ὥστ' Porson: ἀπόνως τ' L, vulg.
321 ἐστὶ δῆλον MSS.: ἔστ' ἀδελφὸν conj. Herwerden, Jacobs.

ΣΟΦΟΚΛΕΟΥΣ

ΙΣΜΗΝΗ.

ὦ δισσὰ πατρὸς καὶ κασιγνήτης ἐμοὶ
ἥδιστα προσφωνήμαθ᾽, ὡς ὑμᾶς μόλις   325
εὑροῦσα λύπῃ δεύτερον μόλις βλέπω.
ΟΙ. ὦ τέκνον, ἥκεις; ΙΣ. ὦ πάτερ δύσμοιρ᾽ ὁρᾶν.
ΟΙ. τέκνον, πέφηνας; ΙΣ. οὐκ ἄνευ μόχθου γέ μοι.
ΟΙ. πρόσψαυσον, ὦ παῖ. ΙΣ. θιγγάνω δυοῖν ὁμοῦ.
ΟΙ. ὦ σπέρμ᾽ ὅμαιμον. ΙΣ. ὦ δυσάθλιαι τροφαί.   330
ΟΙ. ἡ τῆσδε κἀμοῦ; ΙΣ. δυσμόρου τ᾽ ἐμοῦ τρίτης.
ΟΙ. τέκνον, τί δ᾽ ἦλθες; ΙΣ. σῇ, πάτερ, προμηθίᾳ.
ΟΙ. πότερα πόθοισι; ΙΣ. καὶ λόγων γ᾽ αὐτάγγελος,
ξὺν ᾧπερ εἶχον οἰκετῶν πιστῷ μόνῳ.
ΟΙ. οἱ δ᾽ αὐθόμαιμοι ποῦ νεανίαι πονεῖν;   335
ΙΣ. εἴσ᾽ οὗπέρ εἰσι· δεινὰ τὰν κείνοις τανῦν.
ΟΙ. ὦ πάντ᾽ ἐκείνω τοῖς ἐν Αἰγύπτῳ νόμοις
φύσιν κατεικασθέντε καὶ βίου τροφάς·
ἐκεῖ γὰρ οἱ μὲν ἄρσενες κατὰ στέγας
θακοῦσιν ἱστουργοῦντες, αἱ δὲ σύννομοι   340
τἄξω βίου τροφεῖα πορσύνουσ᾽ ἀεί.
σφῷν δ᾽, ὦ τέκν᾽, οὓς μὲν εἰκὸς ἦν πονεῖν τάδε,
κατ᾽ οἶκον οἰκουροῦσιν ὥστε παρθένοι,
σφὼ δ᾽ ἀντ᾽ ἐκείνων τἀμὰ δυστήνου κακὰ
ὑπερπονεῖτον. ἡ μὲν ἐξ ὅτου νέας   345
τροφῆς ἔληξε καὶ κατίσχυσεν δέμας,
ἀεὶ μεθ᾽ ἡμῶν δύσμορος πλανωμένη
γεροντ αγωγεῖ, πολλὰ μὲν κατ᾽ ἀγρίαν
ὕλην ἄσιτος νηλίπους τ᾽ ἀλωμένη,
πολλοῖσι δ᾽ ὄμβροις ἡλίου τε καύμασι   350
μοχθοῦσα τλήμων δεύτερ᾽ ἡγεῖται τὰ τῆς

327—330 Order in MSS., 327, 330, 328, 329: corr. Musgrave.
331 δυσμόρου δ᾽ MSS.: corr. Markland.   336 δεινὰ δ᾽ ἐκείνοις L¹,
δεινὰ δ᾽ ἐν κείνοις L²: δεινὰ τἀκείνοις r: corr. Schaefer.

οἴκοι διαίτης, εἰ πατὴρ τροφὴν ἔχοι.
σὺ δ', ὦ τέκνον, πρόσθεν μὲν ἐξίκου πατρὶ
μαντεῖ' ἄγουσα πάντα, Καδμείων λάθρα,
ἃ τοῦδ' ἐχρήσθη σώματος, φύλαξ δέ μοι   355
πιστὴ κατέστης, γῆς ὅτ' ἐξηλαυνόμην·
νῦν δ' αὖ τίν' ἥκεις μῦθον, Ἰσμήνη, πατρὶ
φέρουσα; τίς σ' ἐξῆρεν οἴκοθεν στόλος;
ἥκεις γὰρ οὐ κενή γε, τοῦτ' ἐγὼ σαφῶς
ἔξοιδα, μὴ οὐχὶ δεῖμ' ἐμοὶ φέρουσά τι.   360

ΙΣ. ἐγὼ τὰ μὲν παθήμαθ' ἄπαθον, πάτερ,
ζητοῦσα τὴν σὴν ποῦ κατοικοίης τροφήν,
παρεῖσ' ἐάσω· δὶς γὰρ οὐχὶ βούλομαι
πονοῦσά τ' ἀλγεῖν καὶ λέγουσ' αὖθις πάλιν.
ἃ δ' ἀμφὶ τοῖν σοῖν δυσμόροιν παίδοιν κακὰ   365
νῦν ἐστι, ταῦτα σημανοῦσ' ἐλήλυθα.
πρὶν μὲν γὰρ αὐτοῖς ἦν ἔρως Κρέοντί τε
θρόνους ἐᾶσθαι μηδὲ χραίνεσθαι πόλιν,
λόγῳ σκοποῦσι τὴν πάλαι γένους φθοράν,
οἵα κατέσχε τὸν σὸν ἄθλιον δόμον·   370
νῦν δ' ἐκ θεῶν του κἀλιτηρίου φρενὸς
εἰσῆλθε τοῖν τρὶς ἀθλίοιν ἔρις κακή,
ἀρχῆς λαβέσθαι καὶ κράτους τυραννικοῦ.
χὠ μὲν νεάζων καὶ χρόνῳ μείων γεγὼς
τὸν πρόσθε γεννηθέντα Πολυνείκη θρόνων   375
ἀποστερίσκει, κἀξελήλακεν πάτρας.
ὁ δ', ὡς καθ' ἡμᾶς ἔσθ' ὁ πληθύων λόγος,
τὸ κοῖλον Ἄργος βὰς φυγὰς προσλαμβάνει
κῆδός τε καινὸν καὶ ξυνασπιστὰς φίλους,
ὡς αὐτίκ' Ἄργος ἢ τὸ Καδμείων πέδον   380
τιμῇ καθέξον ἢ πρὸς οὐρανὸν βιβῶν.

---

355 μου MSS.: corr. J.   367 ἔρως T. Tyrwhitt, Musgrave: ἔρις MSS.
371 κἀλιτηρίου Toup: κἀξαλιτηροῦ L, κἀξ ἀλιτηροῦ A: κἀξαλητηροῦ or κἀξ
ἀλητηροῦ r.   381 καθέξον (from καθέξων) A, Brunck: καθέξων L, vulg.

ταῦτ' οὐκ ἀριθμός ἐστιν, ὦ πάτερ, λόγων,
ἀλλ' ἔργα δεινά· τοὺς δὲ σοὺς ὅπου θεοὶ
πόνους κατοικτιοῦσιν οὐκ ἔχω μαθεῖν.
ΟΙ. ἤδη γὰρ ἔσχες ἐλπίδ' ὡς ἐμοῦ θεοὺς 385
ὥραν τιν' ἕξειν, ὥστε σωθῆναί ποτε;
ΙΣ. ἔγωγε τοῖς νῦν γ', ὦ πάτερ, μαντεύμασιν.
ΟΙ. ποίοισι τούτοις; τί δὲ τεθέσπισται, τέκνον;
ΙΣ. σὲ τοῖς ἐκεῖ ζητητὸν ἀνθρώποις ποτὲ
θανόντ' ἔσεσθαι ζῶντά τ' εὐσοίας χάριν. 390
ΟΙ. τίς δ' ἂν τοιοῦδ' ὑπ' ἀνδρὸς εὖ πράξειεν ἄν;
ΙΣ. ἐν σοὶ τὰ κείνων φασὶ γίγνεσθαι κράτη.
ΟΙ. ὅτ' οὐκέτ' εἰμί, τηνικαῦτ' ἄρ' εἴμ' ἀνήρ;
ΙΣ. νῦν γὰρ θεοί σ' ὀρθοῦσι, πρόσθε δ' ὤλλυσαν.
ΟΙ. γέροντα δ' ὀρθοῦν φλαῦρον ὃς νέος πέσῃ. 395
ΙΣ. καὶ μὴν Κρέοντά γ' ἴσθι σοι τούτων χάριν
ἥξοντα βαιοῦ κοὐχὶ μυρίου χρόνου.
ΟΙ. ὅπως τί δράσῃ, θύγατερ; ἑρμήνευέ μοι.
ΙΣ. ὥς σ' ἄγχι γῆς στήσωσι Καδμείας, ὅπως
κρατῶσι μέν σου, γῆς δὲ μὴ 'μβαίνῃς ὅρων. 400
ΟΙ. ἡ δ' ὠφέλησις τίς θύρασι κειμένου;
ΙΣ. κείνοις ὁ τύμβος δυστυχῶν ὁ σὸς βαρύς.
ΟΙ. κἄνευ θεοῦ τις τοῦτό γ' ἂν γνώμῃ μάθοι.
ΙΣ. τούτου χάριν τοίνυν σε προσθέσθαι πέλας
χώρας θέλουσι, μηδ' ἵν' ἂν σαυτοῦ κρατοῖς. 405
ΟΙ. ἦ καὶ κατασκιῶσι Θηβαίᾳ κόνει;
ΙΣ. ἀλλ' οὐκ ἐᾷ τοὔμφυλον αἷμά σ', ὦ πάτερ.
ΟΙ. οὐκ ἄρ' ἐμοῦ γε μὴ κρατήσωσίν ποτε.
ΙΣ. ἔσται ποτ' ἄρα τοῦτο Καδμείοις βάρος.
ΟΙ. ποίας φανείσης, ὦ τέκνον, συναλλαγῆς; 410
ΙΣ. τῆς σῆς ὑπ' ὀργῆς, σοῖς ὅταν στῶσιν τάφοις.

---

383 ὅπου Elmsley (in text), Hartung: ὅποι L, vulg.: ὅπη r.   390 εὐ-
σοίας schol.: εὐνοίας MSS.   391 ὑπ' om. L, add. A and most MSS.
405 κρατῇς MSS.: corr. Brunck.

ΟΙΔΙΠΟΥΣ ΕΠΙ ΚΟΛΩΝΩΙ

ΟΙ. ἃ δ' ἐννέπεις, κλύουσα τοῦ λέγεις, τέκνον;
ΙΣ. ἀνδρῶν θεωρῶν Δελφικῆς ἀφ' ἑστίας.
ΟΙ. καὶ ταῦτ' ἐφ' ἡμῖν Φοῖβος εἰρηκὼς κυρεῖ;
ΙΣ. ὥς φασιν οἱ μολόντες εἰς Θήβης πέδον.   415
ΟΙ. παίδων τις οὖν ἤκουσε τῶν ἐμῶν τάδε;
ΙΣ. ἄμφω γ' ὁμοίως, κἀξεπίστασθον καλῶς.
ΟΙ. κᾆθ' οἱ κάκιστοι τῶνδ' ἀκούσαντες πάρος
     τοὐμοῦ πόθου προύθεντο τὴν τυραννίδα;
ΙΣ. ἀλγῶ κλύουσα ταῦτ' ἐγώ, φέρω δ' ὅμως.   420
ΟΙ. ἀλλ' οἱ θεοί σφιν μήτε τὴν πεπρωμένην
     ἔριν κατασβέσειαν, ἐν δ' ἐμοὶ τέλος
     αὐτοῖν γένοιτο τῆσδε τῆς μάχης πέρι,
     ἧς νῦν ἔχονται κἀπαναίρονται δόρυ·
     ὡς οὔτ' ἂν ὃς νῦν σκῆπτρα καὶ θρόνους ἔχει   425
     μείνειεν, οὔτ' ἂν οὑξεληλυθὼς πάλιν
     ἔλθοι ποτ' αὖθις· οἵ γε τὸν φύσαντ' ἐμὲ
     οὕτως ἀτίμως πατρίδος ἐξωθούμενον
     οὐκ ἔσχον οὐδ' ἤμυναν, ἀλλ' ἀνάστατος
     αὐτοῖν ἐπέμφθην κἀξεκηρύχθην φυγάς.   430
     εἴποις ἂν ὡς θέλοντι τοῦτ' ἐμοὶ τότε
     πόλις τὸ δῶρον εἰκότως κατήνεσεν.
     οὐ δῆτ', ἐπεί τοι τὴν μὲν αὐτίχ' ἡμέραν,
     ὁπηνίκ' ἔζει θυμός, ἥδιστον δέ μοι
     τὸ κατθανεῖν ἦν καὶ τὸ λευσθῆναι πέτροις,   435
     οὐδεὶς ἔρωτ' ἐς τόνδ' ἐφαίνετ' ὠφελῶν·
     χρόνῳ δ', ὅτ' ἤδη πᾶς ὁ μόχθος ἦν πέπων,
     κἀμάνθανον τὸν θυμὸν ἐκδραμόντα μοι
     μείζω κολαστὴν τῶν πρὶν ἡμαρτημένων,
     τὸ τηνίκ' ἤδη τοῦτο μὲν πόλις βίᾳ   440
     ἤλαυνέ μ' ἐκ γῆς χρόνιον, οἱ δ' ἐπωφελεῖν,

421 τὴν πεπρωμένην r : τῶν πεπραγμένων L.   424 κἀπαναιροῦνται
MSS. : corr. Hermann.   432 κατήνεσεν r : κατηλίνυσεν L.   436 ἔρωτος
τοῦδ' MSS. : corr. P. N. Papageorgius.

ΣΟΦΟΚΛΕΟΥΣ.

οἱ τοῦ πατρὸς τῷ πατρί, δυνάμενοι τὸ δρᾶν
οὐκ ἠθέλησαν, ἀλλ᾽ ἔπους σμικροῦ χάριν
φυγάς σφιν ἔξω πτωχὸς ἠλώμην ἀεί.
ἐκ τοῖνδε δ᾽, οὔσαιν παρθένοιν, ὅσον φύσις   445
διδωσιν αὐτοῖν, καὶ τροφὰς ἔχω βίου
καὶ γῆς ἄδειαν καὶ γένους ἐπάρκεσιν·
τὼ δ᾽ ἀντὶ τοῦ φύσαντος εἱλέσθην θρόνους
καὶ σκῆπτρα κραίνειν καὶ τυραννεύειν χθονός.
ἀλλ᾽ οὔ τι μὴ λάχωσι τοῦδε συμμάχου,   450
οὐδέ σφιν ἀρχῆς τῆσδε Καδμείας ποτὲ
ὄνησις ἥξει· τοῦτ᾽ ἐγῷδα, τῆσδέ τε
μαντεῖ᾽ ἀκούων συννοῶν τε τἀξ ἐμοῦ
παλαίφαθ᾽ ἁμοὶ Φοῖβος ἤνυσέν ποτε.
πρὸς ταῦτα καὶ Κρέοντα πεμπόντων ἐμοῦ   455
μαστῆρα, κεἴ τις ἄλλος ἐν πόλει σθένει.
ἐὰν γὰρ ὑμεῖς, ὦ ξένοι, θέληθ᾽ ὁμοῦ
προστάτισι ταῖς σεμναῖσι δημούχοις θεαῖς
ἀλκὴν ποεῖσθαι, τῇδε μὲν πόλει μέγαν
σωτῆρ᾽ ἀρεῖσθε, τοῖς δ᾽ ἐμοῖς ἐχθροῖς πόνους.   460
ΧΟ. ἐπάξιος μέν, Οἰδίπους, κατοικτίσαι,
αὐτός τε παῖδές θ᾽ αἵδ᾽· ἐπεὶ δὲ τῆσδε γῆς
σωτῆρα σαυτὸν τῷδ᾽ ἐπεμβάλλεις λόγῳ,
παραινέσαι σοι βούλομαι τὰ σύμφορα.
ΟΙ. ὦ φίλταθ᾽, ὥς νυν πᾶν τελοῦντι προξένει.   465
ΧΟ. θοῦ νῦν καθαρμὸν τῶνδε δαιμόνων, ἐφ᾽ ἃς
τὸ πρῶτον ἵκου καὶ κατέστειψας πέδον.
ΟΙ. τρόποισι ποίοις; ὦ ξένοι, διδάσκετε.
ΧΟ. πρῶτον μὲν ἱρὰς ἐξ ἀειρύτου χοὰς
κρήνης ἐνεγκοῦ, δι᾽ ὁσίων χειρῶν θιγών.   470
ΟΙ. ὅταν δὲ τοῦτο χεῦμ᾽ ἀκήρατον λάβω;

451 οὔτε σφιν MSS.: corr. Hermann.   453 τά τ᾽ ἐξ ἐμοῦ MSS.:
corr. Heath.   457 θέληητέ μου L, vulg.: θέλητέ μοι r: corr. Dindort.
458 πρὸ σταῖσι ταῖς L: σὺν ταῖσι ταῖς A, vulg.: corr. Dindorf.

ΧΟ. κρατῆρές εἰσιν, ἀνδρὸς εὔχειρος τέχνη,
   ὧν κρᾶτ᾽ ἔρεψον καὶ λαβὰς ἀμφιστόμους.
ΟΙ. θαλλοῖσιν, ἢ κρόκαισιν, ἢ ποίῳ τρόπῳ;
ΧΟ. οἰὸς σὺ νεαρᾶς νεοπόκῳ μαλλῷ λαβών.   475
ΟΙ. εἶεν· τὸ δ᾽ ἔνθεν ποῖ τελευτῆσαί με χρή;
ΧΟ. χοὰς χέασθαι στάντα πρὸς πρώτην ἕω.
ΟΙ. ἦ τοῖσδε κρωσσοῖς οἷς λέγεις χέω τάδε;
ΧΟ. τρισσάς γε πηγάς· τὸν τελευταῖον δ᾽ ὅλον.
ΟΙ. τοῦ τόνδε πλήσας θῶ; δίδασκε καὶ τόδε.   480
ΧΟ. ὕδατος, μελίσσης· μηδὲ προσφέρειν μέθυ.
ΟΙ. ὅταν δὲ τούτων γῆ μελάμφυλλος τύχῃ;
ΧΟ. τρὶς ἐννέ᾽ αὐτῇ κλῶνας ἐξ ἀμφοῖν χεροῖν
   τιθεὶς ἐλαίας τάσδ᾽ ἐπεύχεσθαι λιτάς.
ΟΙ. τούτων ἀκοῦσαι βούλομαι· μέγιστα γάρ.   485
ΧΟ. ὥς σφας καλοῦμεν Εὐμενίδας, ἐξ εὐμενῶν
   στέρνων δέχεσθαι τὸν ἱκέτην σωτήριον,
   αἰτοῦ σύ τ᾽ αὐτὸς κεἴ τις ἄλλος ἀντὶ σοῦ,
   ἄπυστα φωνῶν μηδὲ μηκύνων βοήν·
   ἔπειτ᾽ ἀφέρπειν ἄστροφος. καὶ ταῦτά σοι   490
   δράσαντι θαρσῶν ἂν παρασταίην ἐγώ·
   ἄλλως δὲ δειμαίνοιμ᾽ ἄν, ὦ ξέν᾽, ἀμφὶ σοί.
ΟΙ. ὦ παῖδε, κλύετον τῶνδε προσχώρων ξένων;
ΑΝ. ἠκούσαμέν τε χὤ τι δεῖ πρόστασσε δρᾶν.
ΟΙ. ἐμοὶ μὲν οὐχ ὁδωτά· λείπομαι γὰρ ἐν   495
   τῷ μὴ δύνασθαι μήδ᾽ ὁρᾶν, δυοῖν κακοῖν·
   σφῷν δ᾽ ἀτέρα μολοῦσα πραξάτω τάδε.
   ἀρκεῖν γὰρ οἶμαι κἀντὶ μυρίων μίαν
   ψυχὴν τάδ᾽ ἐκτίνουσαν, ἢν εὔνους παρῇ.
   ἀλλ᾽ ἐν τάχει τι πράσσετον· μόνον δέ με   500
   μὴ λείπετ᾽· οὐ γὰρ ἂν σθένοι τοὐμὸν δέμας
   ἔρημον ἕρπειν οὐδ᾽ ὑφηγητοῦ δίχα.

475 σὺ add. Bellermann.   499 ἐκτείνουσαν MSS.: corr. Canter.
502 ὑφηγητοῦ δ᾽ ἄνευ L, vulg. (γ᾽ ἄνευ Τ): corr. Hermann.

ΣΟΦΟΚΛΕΟΥΣ

ΙΣ. ἀλλ' εἶμ' ἐγὼ τελοῦσα· τὸν τόπον δ' ἵνα
χρῆσταί μ' ἐφευρεῖν, τοῦτο βούλομαι μαθεῖν.
ΧΟ. τοὐκεῖθεν ἄλσους, ὦ ξένη, τοῦδ'. ἢν δέ του   505
σπάνιν τιν' ἴσχῃς, ἔστ' ἔποικος, ὃς φράσει.
ΙΣ. χωροῖμ' ἂν ἐς τόδ'· 'Αντιγόνη, σὺ δ' ἐνθάδε
φύλασσε πατέρα τόνδε· τοῖς τεκοῦσι γὰρ
οὐδ' εἰ πονεῖ τις, δεῖ πόνου μνήμην ἔχειν.   509

στρ. α'. ΧΟ. δεινὸν μὲν τὸ πάλαι κείμενον ἤδη κακόν, ὦ
ξεῖν', ἐπεγείρειν·
2 ὅμως δ' ἔραμαι πυθέσθαι
ΟΙ. 3 τί τοῦτο;
ΧΟ. 4 τᾶς δειλαίας ἀπόρου φανείσας
5 ἀλγηδόνος, ᾇ ξυνέστας.
ΟΙ. 6 μὴ πρὸς ξενίας ἀνοίξῃς   515
7 τᾶς σᾶς ἃ πέπονθ' ἀναιδῆ.
ΧΟ. 8 τό τοι πολὺ καὶ μηδαμὰ λῆγον
9 χρῄζω, ξεῖν', ὀρθὸν ἄκουσμ' ἀκοῦσαι.
ΟΙ. 10 ὤμοι.
ΧΟ. 11 στέρξον, ἱκετεύω.
ΟΙ. 12 φεῦ φεῦ.
ΧΟ. 13 πείθου· κἀγὼ γὰρ ὅσον σὺ προσχρῄζεις.   520

ἀντ. α'. ΟΙ. ἤνεγκ' οὖν κακότατ', ὦ ξένοι, ἤνεγκ' ἀέκων μέν,
θεὸς ἴστω,
2 τούτων δ' αὐθαίρετον οὐδέν.
ΧΟ. 3 ἀλλ' ἐς τί;
ΟΙ. 4 κακᾷ μ' εὐνᾷ πόλις οὐδὲν ἴδριν   525
5 γάμων ἐνέδησεν ἄτᾳ.
ΧΟ. 6 ἦ ματρόθεν, ὡς ἀκούω,
7 δυσώνυμα λέκτρ' ἐπλήσω;

504 χρῆσται L¹, χρῆ 'σται Lᶜ, r.   516 τᾶς σᾶς· πέπονθ' ἐργ' ἀναιδῆ
MSS. (τὰς σὰς L): corr. Reisig.   522 ἤνεγκον κακότατ' MSS.: corr.
R. Whitelaw.—ἤνεγκον ἄκων MSS.: corr. Martin, Bergk.

ΟΙ.   8 ὤμοι, θάνατος μὲν τάδ' ἀκούειν,

        9 ὦ ξεῖν'· αὗται δὲ δύ' ἐξ ἐμοῦ μὲν   530

ΧΟ. 10 πῶς φής;

ΟΙ.   11 παῖδε, δύο δ' ἄτα

ΧΟ. 12 ὦ Ζεῦ.

ΟΙ.   13 ματρὸς κοινᾶς ἀπέβλαστον ὠδῖνος.

στρ. β'.   ΧΟ. σαί τ' εἴσ' ἄρ' ἀπόγονοί τε καὶ

ΟΙ.   2 κοιναί γε πατρὸς ἀδελφεαί.   535

ΧΟ. 3 ἰώ. ΟΙ. ἰὼ δῆτα μυρίων γ' ἐπιστροφαὶ κακῶν.

ΧΟ. 4 ἔπαθες ΟΙ. ἔπαθον ἄλαστ' ἔχειν.

ΧΟ. 5 ἔρεξας ΟΙ. οὐκ ἔρεξα. ΧΟ. τί γάρ; ΟΙ. ἐδεξ-
        άμην
        6 δῶρον, ὃ μήποτ' ἐγὼ ταλακάρδιος   540
        7 ἐπωφελήσας πόλεος ἐξελέσθαι.

ἀντ. β'.   ΧΟ. δύστανε, τί γάρ; ἔθου φόνον

ΟΙ.   2 τί τοῦτο; τί δ' ἐθέλεις μαθεῖν;

ΧΟ. 3 πατρός; ΟΙ. παπαῖ, δευτέραν ἔπαισας, ἐπὶ νόσῳ
        νόσον.

ΧΟ. 4 ἔκανες ΟΙ. ἔκανον· ἔχει δέ μοι   545

ΧΟ. 5 τί τοῦτο; ΟΙ. πρὸς δίκας τι. ΧΟ. τί γάρ; ΟΙ. ἐγὼ
        φράσω·
        6 καὶ γὰρ ἄν, οὓς ἐφόνευσ', ἔμ' ἀπώλεσαν·
        7 νόμῳ δὲ καθαρός, ἄϊδρις ἐς τόδ' ἦλθον.

ΧΟ. καὶ μὴν ἄναξ ὅδ' ἡμῖν Αἰγέως γόνος
      Θησεὺς κατ' ὀμφὴν σὴν ἐφ' ἀστάλη πάρα.   550

---

530 μὲν add. Elmsley.   532 παῖδες MSS.: corr. Elmsley.
534 σαί τ' ἄρ' εἰσὶν L: σαί τ' ἄρ' εἴσ' A: corr. J.   541 ἐπωφέλησα
MSS.: corr. J.—πόλεως MSS.: corr. Hermann.   547 καὶ γὰρ ἄλλους
ἐφόνευσα καὶ ἀπώλεσα (or κἀπώλεσα) MSS. : corr. Mekler.   550 ἀπε-
στάλη MSS. : corr. Dindorf.

ΣΟΦΟΚΛΕΟΥΣ

ΘΗΣΕΥΣ.

πολλῶν ἀκούων ἔν τε τῷ πάρος χρόνῳ
τὰς αἱματηρὰς ὀμμάτων διαφθορὰς
ἔγνωκά σ', ὦ παῖ Λαΐου, τανῦν θ' ὁδοῖς
ἐν ταῖσδ' ἀκούων μᾶλλον ἐξεπίσταμαι.
σκευή τε γάρ σε καὶ τὸ δύστηνον κάρα   555
δηλοῦτον ἡμῖν ὄνθ' ὃς εἶ, καί σ' οἰκτίσας
θέλω 'περέσθαι, δύσμορ' Οἰδίπου, τίνα
πόλεως ἐπέστης προστροπὴν ἐμοῦ τ' ἔχων,
αὐτός τε χή σὴ δύσμορος παραστάτις.
δίδασκε· δεινὴν γάρ τιν' ἂν πρᾶξιν τύχοις   560
λέξας ὁποίας ἐξαφισταίμην ἐγώ·
ὃς οἶδά γ' αὐτὸς ὡς ἐπαιδεύθην ξένος,
ὥσπερ σύ, χὡς εἰς πλεῖστ' ἀνὴρ ἐπὶ ξένης
ἤθλησα κινδυνεύματ' ἐν τὠμῷ κάρα·
ὥστε ξένον γ' ἂν οὐδέν' ὄνθ', ὥσπερ σὺ νῦν,   565
ὑπεκτραποίμην μὴ οὐ συνεκσῴζειν· ἐπεὶ
ἔξοιδ' ἀνὴρ ὤν, χὥτι τῆς ἐς αὔριον
οὐδὲν πλέον μοι σοῦ μέτεστιν ἡμέρας.
ΟΙ. Θησεῦ, τὸ σὸν γενναῖον ἐν σμικρῷ λόγῳ
παρῆκεν ὥστε βραχέ' ἐμοὶ δεῖσθαι φράσαι.   570
σὺ γάρ μ' ὅς εἰμι, κἀφ' ὅτου πατρὸς γεγὼς
καὶ γῆς ὁποίας ἦλθον, εἰρηκὼς κυρεῖς·
ὥστ' ἐστί μοι τὸ λοιπὸν οὐδὲν ἄλλο πλὴν
εἰπεῖν ἃ χρῄζω, χὡ λόγος διοίχεται.
ΘΗ. τοῦτ' αὐτὸ νῦν δίδασχ', ὅπως ἂν ἐκμάθω.   575
ΟΙ. δώσων ἱκάνω τοὐμὸν ἄθλιον δέμας
σοὶ δῶρον, οὐ σπουδαῖον εἰς ὄψιν· τὰ δὲ
κέρδη παρ' αὐτοῦ κρείσσον' ἢ μορφὴ καλή.

---

557 'περέσθαι Reisig: τι ἔρεσθαι L (τί r), σ' ἔρεσθαι T.   562 ὡς
οἶδά γ' MSS.: corr. Dindorf.   563 χὡς εἶς Dobree: χῶστις MSS.
574 διοίχεται r: διέρχεται L, A.

ΘΗ. ποῖον δὲ κέρδος ἀξιοῖς ἥκειν φέρων;
ΟΙ. χρόνῳ μάθοις ἄν, οὐχὶ τῷ παρόντι που.   580
ΘΗ. ποίῳ γὰρ ἡ σὴ προσφορὰ δηλώσεται;
ΟΙ. ὅταν θάνω 'γὼ καὶ σύ μου ταφεὺς γένῃ.
ΘΗ. τὰ λοίσθι' αἰτεῖ τοῦ βίου, τὰ δ' ἐν μέσῳ
ἢ λῆστιν ἴσχεις ἢ δι' οὐδενὸς ποεῖ.
ΟΙ. ἐνταῦθα γάρ μοι κεῖνα συγκομίζεται.   585
ΘΗ. ἀλλ' ἐν βραχεῖ δὴ τήνδε μ' ἐξαιτεῖ χάριν.
ΟΙ. ὅρα γε μήν· οὐ σμικρός, οὐχ, ἀγὼν ὅδε.
ΘΗ. πότερα τὰ τῶν σῶν ἐκγόνων κἀμοῦ λέγεις;
ΟΙ. κεῖνοι κομίζειν κεῖσ', ἄναξ, χρῄζουσί με.
ΘΗ. ἀλλ' εἰ θέλοντά γ', οὐδὲ σοὶ φεύγειν καλόν.   590
ΟΙ. ἀλλ' οὐδ', ὅτ' αὐτὸς ἤθελον, παρίεσαν.
ΘΗ. ὦ μῶρε, θυμὸς δ' ἐν κακοῖς οὐ ξύμφορον.
ΟΙ. ὅταν μάθῃς μου, νουθέτει, τανῦν δ' ἔα.
ΘΗ. δίδασκ'· ἄνευ γνώμης γὰρ οὔ με χρὴ λέγειν.
ΟΙ. πέπονθα, Θησεῦ, δεινὰ πρὸς κακοῖς κακά.   595
ΘΗ. ἦ τὴν παλαιὰν ξυμφορὰν γένους ἐρεῖς;
ΟΙ. οὐ δῆτ'· ἐπεὶ πᾶς τοῦτό γ' Ἑλλήνων θροεῖ.
ΘΗ. τί γὰρ τὸ μεῖζον ἢ κατ' ἄνθρωπον νοσεῖς;
ΟΙ. οὕτως ἔχει μοι· γῆς ἐμῆς ἀπηλάθην
πρὸς τῶν ἐμαυτοῦ σπερμάτων· ἔστιν δέ μοι   600
πάλιν κατελθεῖν μήποθ', ὡς πατροκτόνῳ.
ΘΗ. πῶς δῆτά σ' ἂν πεμψαίαθ', ὥστ' οἰκεῖν δίχα;
ΟΙ. τὸ θεῖον αὐτοὺς ἐξαναγκάσει στόμα.
ΘΗ. ποῖον πάθος δείσαντας ἐκ χρηστηρίων;
ΟΙ. ὅτι σφ' ἀνάγκη τῇδε πληγῆναι χθονί.   605
ΘΗ. καὶ πῶς γένοιτ' ἂν τἀμὰ κἀκείνων πικρά;
ΟΙ. ὦ φίλτατ' Αἰγέως παῖ, μόνοις οὐ γίγνεται
θεοῖσι γῆρας οὐδὲ κατθανεῖν ποτε,

588 κἀμοῦ Schneidewin: ἢ 'μοῦ MSS.   589 κεῖσ' ἀναγκάζουσί με
L, A, vulg. (κεῖσ' ἀναγκάσουσί με r): corr. Kayser.   590 θέλοντά
γ' r: θέλοντ' ἄν γ' L, A, vulg.

ΣΟΦΟΚΛΕΟΥΣ

τὰ δ᾽ ἄλλα συγχεῖ πάνθ᾽ ὁ παγκρατὴς χρόνος.
φθίνει μὲν ἰσχὺς γῆς, φθίνει δὲ σώματος,   610
θνῄσκει δὲ πίστις, βλαστάνει δ᾽ ἀπιστία,
καὶ πνεῦμα ταὐτὸν οὔποτ᾽ οὔτ᾽ ἐν ἀνδράσιν
φίλοις βέβηκεν οὔτε πρὸς πόλιν πόλει.
τοῖς μὲν γὰρ ἤδη τοῖς δ᾽ ἐν ὑστέρῳ χρόνῳ
τὰ τερπνὰ πικρὰ γίγνεται καὖθις φίλα.   615
καὶ ταῖσι Θήβαις εἰ τανῦν εὐημερεῖ
καλῶς τὰ πρὸς σέ, μυρίας ὁ μυρίος
χρόνος τεκνοῦται νύκτας ἡμέρας τ᾽ ἰών,
ἐν αἷς τὰ νῦν ξύμφωνα δεξιώματα
δόρει διασκεδῶσιν ἐκ σμικροῦ λόγου·   620
ἵν᾽ οὑμὸς εὕδων καὶ κεκρυμμένος νέκυς
ψυχρός ποτ᾽ αὐτῶν θερμὸν αἷμα πίεται,
εἰ Ζεὺς ἔτι Ζεὺς χὼ Διὸς Φοῖβος σαφής.
ἀλλ᾽ οὐ γὰρ αὐδᾶν ἡδὺ τἀκίνητ᾽ ἔπη,
ἔα μ᾽ ἐν οἷσιν ἠρξάμην, τὸ σὸν μόνον   625
πιστὸν φυλάσσων· κοὔποτ᾽ Οἰδίπουν ἐρεῖς
ἀχρεῖον οἰκητῆρα δέξασθαι τόπων
τῶν ἐνθάδ᾽, εἴπερ μὴ θεοὶ ψεύσουσί με.

ΧΟ. ἄναξ, πάλαι καὶ ταῦτα καὶ τοιαῦτ᾽ ἔπη
γῇ τῇδ᾽ ὅδ᾽ ἀνὴρ ὡς τελῶν ἐφαίνετο.   630

ΘΗ. τίς δῆτ᾽ ἂν ἀνδρὸς εὐμένειαν ἐκβάλοι
τοιοῦδ᾽, ὅτῳ πρῶτον μὲν ἡ δορύξενος
κοινὴ παρ᾽ ἡμῖν αἰέν ἐστιν ἑστία;
ἔπειτα δ᾽ ἱκέτης δαιμόνων ἀφιγμένος
γῇ τῇδε κἀμοὶ δασμὸν οὐ σμικρὸν τίνει.   635
ἀγὼ σεβισθεὶς οὔποτ᾽ ἐκβαλῶ χάριν
τὴν τοῦδε, χώρᾳ δ᾽ ἔμπολιν κατοικιῶ.
εἰ δ᾽ ἐνθάδ᾽ ἡδὺ τῷ ξένῳ μίμνειν, σέ νιν
τάξω φυλάσσειν· εἰ δ᾽ ἐμοῦ στείχειν μέτα

---

617 τὰ London ed. of 1722: τε or τὲ MSS.   632 ὅτῳ Suidas (s. v.
δορύξενος): ὅτου MSS.   637 ἔμπαλιν MSS.: corr. Musgrave.

τόδ' ἡδύ, τούτων, Οἰδίπους, δίδωμί σοι   640
κρίναντι χρῆσθαι· τῇδε γὰρ ξυνοίσομαι.
ΟΙ. ὦ Ζεῦ, διδοίης τοῖσι τοιούτοισιν εὖ.
ΘΗ. τί δῆτα χρῄζεις; ἢ δόμους στείχειν ἐμούς;
ΟΙ. εἴ μοι θέμις γ' ἦν. ἀλλ' ὁ χῶρός ἐσθ' ὅδε,
ΘΗ. ἐν ᾧ τί πράξεις; οὐ γὰρ ἀντιστήσομαι.   645
ΟΙ. ἐν ᾧ κρατήσω τῶν ἔμ' ἐκβεβληκότων.
ΘΗ. μέγ' ἂν λέγοις δώρημα τῆς συνουσίας.
ΟΙ. εἰ σοί γ' ἅπερ φῂς ἐμμενεῖ τελοῦντί μοι.
ΘΗ. θάρσει τὸ τοῦδέ γ' ἀνδρός· οὔ σε μὴ προδῶ.
ΟΙ. οὔτοι σ' ὑφ' ὅρκου γ' ὡς κακὸν πιστώσομαι.   650
ΘΗ. οὔκουν πέρα γ' ἂν οὐδὲν ἢ λόγῳ φέροις.
ΟΙ. πῶς οὖν ποήσεις; ΘΗ. τοῦ μάλιστ' ὄκνος σ' ἔχει;
ΟΙ. ἥξουσιν ἄνδρες ΘΗ. ἀλλὰ τοῖσδ' ἔσται μέλον.
ΟΙ. ὅρα με λείπων ΘΗ. μὴ δίδασχ' ἃ χρή με δρᾶν.
ΟΙ. ὀκνοῦντ' ἀνάγκη. ΘΗ. τοὐμὸν οὐκ ὀκνεῖ κέαρ.   655
ΟΙ. οὐκ οἶσθ' ἀπειλάς ΘΗ. οἶδ' ἐγώ σε μή τινα
ἐνθένδ' ἀπάξοντ' ἄνδρα πρὸς βίαν ἐμοῦ.
πολλαὶ δ' ἀπειλαὶ πολλὰ δὴ μάτην ἔπη
θυμῷ κατηπείλησαν· ἀλλ' ὁ νοῦς ὅταν
αὑτοῦ γένηται, φροῦδα τἀπειλήματα.   660
κείνοις δ' ἴσως κεἰ δείν' ἐπερρώσθη λέγειν
τῆς σῆς ἀγωγῆς, οἶδ' ἐγώ, φανήσεται
μακρὸν τὸ δεῦρο πέλαγος οὐδὲ πλώσιμον.
θαρσεῖν μὲν οὖν ἔγωγε κἄνευ τῆς ἐμῆς
γνώμης ἐπαινῶ, Φοῖβος εἰ προὔπεμψέ σε·   665
ὅμως δὲ κἀμοῦ μὴ παρόντος οἶδ' ὅτι
τοὐμὸν φυλάξει σ' ὄνομα μὴ πάσχειν κακῶς.

στρ. ά. ΧΟ. εὐίππου, ξένε, τᾶσδε χώρας
2 ἵκου τὰ κράτιστα γᾶς ἔπαυλα,
3 τὸν ἀργῆτα Κολωνόν, ἔνθ'   670
4 ἁ λίγεια μινύρεται

5 θαμίζουσα μάλιστ' ἀηδὼν
6 χλωραῖς ὑπὸ βάσσαις,
7 τὸν οἰνωπὸν ἔχουσα κισσὸν
8 καὶ τὰν ἄβατον θεοῦ   675
9 φυλλάδα μυριόκαρπον ἀνήλιον
10 ἀνήνεμόν τε πάντων
11 χειμώνων· ἵν' ὁ βάκχιώτας
12 ἀεὶ Διόνυσος ἐμβατεύει
13 θεαῖς ἀμφιπολῶν τιθήναις.   680

ἀντ. α'. θάλλει δ' οὐρανίας ὑπ' ἄχνας
2 ὁ καλλίβοτρυς κατ' ἦμαρ ἀεὶ
3 νάρκισσος, μεγάλαιν θεαῖν
4 ἀρχαῖον στεφάνωμ', ὅ τε
5 χρυσαυγὴς κρόκος· οὐδ' ἄϋπνοι   -   685
6 κρῆναι μινύθουσιν
7 Κηφισοῦ νομάδες ῥεέθρων,
8 ἀλλ' αἰὲν ἐπ' ἤματι
9 ὠκυτόκος πεδίων ἐπινίσσεται
10 ἀκηράτῳ σὺν ὄμβρῳ   690
11 στερνούχου χθονός· οὐδὲ Μουσᾶν
12 χοροί νιν ἀπεστύγησαν, οὐδ' ἁ
13 χρυσάνιος Ἀφροδίτα.

στρ. β'. ἔστιν δ' οἷον ἐγὼ γᾶς Ἀσίας οὐκ ἐπακούω,   694
2 οὐδ' ἐν τᾷ μεγάλᾳ Δωρίδι νάσῳ Πέλοπος πώποτε
βλαστὸν
3 φύτευμ' ἀχείρωτον αὐτοποιόν,
4 ἐγχέων φόβημα δαΐων,
5 ὃ τᾷδε θάλλει μέγιστα χώρᾳ,   700
6 γλαυκᾶς παιδοτρόφου φύλλον ἐλαίας·

674 τὸν οἴνωπ' ἀνέχουσα (made from οἰνωπὰν ἔχουσα) L, vulg.:
οἰνώπαν ἔχουσα r: corr. Erfurdt.   680 θέλαις MSS.: corr. Elmsley.
698 ἀχείρωτον A: ἀχείρητον L.—αὐτόποιον MSS.: corr. J.

7 τὸ μέν τις οὐ νεαρὸς οὐδὲ γήρᾳ
8 συνναίων ἁλιώσει χερὶ πέρσας· ὁ γὰρ αἰὲν ὁρῶν
    κύκλος
9 λεύσσει νιν Μορίου Διὸς   705
10 χἁ γλαυκῶπις Ἀθάνα.

ἀντ. β'.   ἄλλον δ' αἶνον ἔχω ματροπόλει τᾷδε κράτιστον, 707
2 δῶρον τοῦ μεγάλου δαίμονος, εἰπεῖν, χθονὸς αὔχημα
    μέγιστον,
3 εὔιππον, εὔπωλον, εὐθάλασσον.   711
4 ὦ παῖ Κρόνου, σὺ γάρ νιν εἰς
5 τόδ' εἷσας αὔχημ', ἄναξ Ποσειδάν,
6 ἵπποισιν τὸν ἀκεστῆρα χαλινὸν
7 πρώταισι ταῖσδε κτίσας ἀγυιαῖς.   715
8 ἁ δ' εὐήρετμος ἔκπαγλ' ἁλία χερσὶ παραπτομένα
    πλάτα
9 θρῴσκει, τῶν ἑκατομπόδων
10 Νηρῄδων ἀκόλουθος.

ΑΝ.   ὦ πλεῖστ' ἐπαίνοις εὐλογούμενον πέδον,   720
      νῦν σὸν τὰ λαμπρὰ ταῦτα δὴ φαίνειν ἔπη.
ΟΙ.   τί δ' ἔστιν, ὦ παῖ, καινόν; ΑΝ. ἆσσον ἔρχεται
      Κρέων ὅδ' ἡμῖν οὐκ ἄνευ πομπῶν, πάτερ.
ΟΙ.   ὦ φίλτατοι γέροντες, ἐξ ὑμῶν ἐμοὶ
      φαίνοιτ' ἂν ἤδη τέρμα τῆς σωτηρίας.   725
ΧΟ.   θάρσει, παρέσται· καὶ γὰρ εἰ γέρων ἐγώ,
      τὸ τῆσδε χώρας οὐ γεγήρακε σθένος.

---

702 οὔτε νεαρὸς οὔτε MSS. : corr. Porson.   703 συνναίων Blaydes:
σημαίνων MSS.   704 ὁ γὰρ εἰς αἰὲν ὁρῶν L, vulg.: corr. Hermann.
710 χθονὸς add. Porson.   721 σὸν .δὴ Nauck: σοὶ...δὴ L: σοὶ...
δεῖ A, vulg.   726 ἐγὼ L (with κυρῶ superscript by S): κυρῶ A, vulg.

ΣΟΦΟΚΛΕΟΥΣ

ΚΡΕΩΝ.

ἄνδρες χθονὸς τῆσδ᾽ εὐγενεῖς οἰκήτορες,
ὁρῶ τιν᾽ ὑμᾶς ὀμμάτων εἰληφότας
φόβον νεώρη τῆς ἐμῆς ἐπεισόδου·   730
ὃν μήτ᾽ ὀκνεῖτε μήτ᾽ ἀφῆτ᾽ ἔπος κακόν.
ἥκω γὰρ οὐχ ὡς δρᾶν τι βουληθείς, ἐπεὶ
γέρων μέν εἰμι, πρὸς πόλιν δ᾽ ἐπίσταμαι
σθένουσαν ἥκων, εἴ τιν᾽ Ἑλλάδος, μέγα.
ἀλλ᾽ ἄνδρα τόνδε τηλικόσδ᾽ ἀπεστάλην   735
πείσων ἕπεσθαι πρὸς τὸ Καδμείων πέδον,
οὐκ ἐξ ἑνὸς στείλαντος, ἀλλ᾽ ἀστῶν ὑπὸ
πάντων κελευσθείς, οὕνεχ᾽ ἧκέ μοι γένει
τὰ τοῦδε πενθεῖν πήματ᾽ εἰς πλεῖστον πόλεως.
ἀλλ᾽, ὦ ταλαίπωρ᾽ Οἰδίπους, κλύων ἐμοῦ   740
ἱκοῦ πρὸς οἴκους. πᾶς σε Καδμείων λεὼς
καλεῖ δικαίως, ἐκ δὲ τῶν μάλιστ᾽ ἐγώ,
ὅσῳπερ, εἰ μὴ πλεῖστον ἀνθρώπων ἔφυν
κάκιστος, ἀλγῶ τοῖσι σοῖς κακοῖς, γέρον,
ὁρῶν σε τὸν δύστηνον ὄντα μὲν ξένον,   745
ἀεὶ δ᾽ ἀλήτην κἀπὶ προσπόλου μιᾶς
βιοστερῆ χωροῦντα, τὴν ἐγὼ τάλας
οὐκ ἄν ποτ᾽ ἐς τοσοῦτον αἰκίας πεσεῖν
ἔδοξ᾽, ὅσον πέπτωκεν ἥδε δύσμορος,
ἀεί σε κηδεύουσα καὶ τὸ σὸν κάρα   750
πτωχῷ διαίτῃ, τηλικοῦτος, οὐ γάμων
ἔμπειρος, ἀλλὰ τοὐπιόντος ἁρπάσαι.
ἆρ᾽ ἄθλιον τοὔνειδος, ὦ τάλας ἐγώ,
ὠνείδισ᾽ ἐς σὲ κἀμὲ καὶ τὸ πᾶν γένος;
ἀλλ᾽ οὐ γὰρ ἔστι τἀμφανῆ κρύπτειν· σύ νυν   755
πρὸς θεῶν πατρῴων, Οἰδίπους, πεισθεὶς ἐμοὶ
κρύψον, θελήσας ἄστυ καὶ δόμους μολεῖν

737 ἀστῶν r: ἀνδρῶν L, vulg.

τοὺς σοὺς πατρῴους, τήνδε τὴν πόλιν φίλως
εἰπών· ἐπαξία γάρ· ἡ δ' οἴκοι πλέον
δίκῃ σέβοιτ' ἄν, οὖσα σὴ πάλαι τροφός.   760

ΟΙ.   ὦ πάντα τολμῶν κἀπὸ παντὸς ἂν φέρων
λόγου δικαίου μηχάνημα ποικίλον,
τί ταῦτα πειρᾷ κἀμὲ δεύτερον θέλεις
ἑλεῖν ἐν οἷς μάλιστ' ἂν ἀλγοίην ἁλούς;
πρόσθεν τε γάρ με τοῖσιν οἰκείοις κακοῖς   765
νοσοῦνθ', ὅτ' ἦν μοι τέρψις ἐκπεσεῖν χθονός,
οὐκ ἤθελες θέλοντι προσθέσθαι χάριν,
ἀλλ' ἡνίκ' ἤδη μεστὸς ἦ θυμούμενος,
καὶ τοὐν δόμοισιν ἦν διαιτᾶσθαι γλυκύ,
τότ' ἐξεώθεις κἀξέβαλλες, οὐδέ σοι   770
τὸ συγγενὲς τοῦτ' οὐδαμῶς τότ' ἦν φίλον·
νῦν τ' αὖθις, ἡνίκ' εἰσορᾷς πόλιν τέ μοι
ξυνοῦσαν εὔνουν τήνδε καὶ γένος τὸ πᾶν,
πειρᾷ μετασπᾶν, σκληρὰ μαλθακῶς λέγων.
καίτοι τίς αὕτη τέρψις, ἄκοντας φιλεῖν;   775
ὥσπερ τις εἰ σοὶ λιπαροῦντι μὲν τυχεῖν
μηδὲν διδοίη μηδ' ἐπαρκέσαι θέλοι,
πλήρη δ' ἔχοντι θυμὸν ὧν χρῄζοις, τότε
δωροῖθ', ὅτ' οὐδὲν ἡ χάρις χάριν φέροι·
ἆρ' ἂν ματαίου τῆσδ' ἂν ἡδονῆς τύχοις;   780
τοιαῦτα μέντοι καὶ σὺ προσφέρεις ἐμοί,
λόγῳ μὲν ἐσθλά, τοῖσι δ' ἔργοισιν κακά.
φράσω δὲ καὶ τοῖσδ', ὥς σε δηλώσω κακόν.
ἥκεις ἔμ' ἄξων, οὐχ ἵν' ἐς δόμους ἄγῃς,
ἀλλ' ὡς πάραυλον οἰκίσῃς, πόλις δέ σοι   785
κακῶν ἄνατος τῆσδ' ἀπαλλαχθῇ χθονός.
οὐκ ἔστι σοι ταῦτ', ἀλλά σοι τάδ' ἔστ', ἐκεῖ
χώρας ἀλάστωρ οὑμὸς ἐνναίων ἀεί·

779 φέροι r: φέρει (with οι above) L., A.
786 τῆσδ' Scaliger: τῶνδ' MSS.

ΣΟΦΟΚΛΕΟΥΣ

ἔστιν δὲ παισὶ τοῖς ἐμοῖσι τῆς ἐμῆς
χθονὸς λαχεῖν τοσοῦτον, ἐνθανεῖν μόνον.   790
ἀρ' οὐκ ἄμεινον ἢ σὺ τὰν Θήβαις φρονῶ;
πολλῷ γ', ὅσῳπερ κἀκ σαφεστέρων κλύω,
Φοίβου τε καὐτοῦ Ζηνός, ὃς κείνου πατήρ.
τὸ σὸν δ' ἀφῖκται δεῦρ' ὑπόβλητον στόμα,
πολλὴν ἔχον στόμωσιν· ἐν δὲ τῷ λέγειν   795
κάκ' ἂν λάβοις τὰ πλείον' ἢ σωτήρια.
ἀλλ' οἶδα γάρ σε ταῦτα μὴ πείθων, ἴθι·
ἡμᾶς δ' ἔα ζῆν ἐνθάδ'· οὐ γὰρ ἂν κακῶς
οὐδ' ὧδ' ἔχοντες ζῶμεν, εἰ τερποίμεθα.
ΚΡ. πότερα νομίζεις δυστυχεῖν ἔμ' ἐς τὰ σά,   800
ἢ σ' εἰς τὰ σαυτοῦ μᾶλλον, ἐν τῷ νῦν λόγῳ;
ΟΙ. ἐμοὶ μέν ἐσθ' ἥδιστον εἰ σὺ μήτ' ἐμὲ
πείθειν οἷός τ' εἶ μήτε τούσδε τοὺς πέλας.
ΚΡ. ὦ δύσμορ', οὐδὲ τῷ χρόνῳ φύσας φανεῖ
φρένας ποτ', ἀλλὰ λῦμα τῷ γήρᾳ τρέφει;   805
ΟΙ. γλώσσῃ σὺ δεινός· ἄνδρα δ' οὐδέν' οἶδ' ἐγὼ
δίκαιον, ὅστις ἐξ ἅπαντος εὖ λέγει.
ΚΡ. χωρὶς τό τ' εἰπεῖν πολλὰ καὶ τὰ καίρια.
ΟΙ. ὡς δὴ σὺ βραχέα, ταῦτα δ' ἐν καιρῷ λέγεις.
ΚΡ. οὐ δῆθ' ὅτῳ γε νοῦς ἴσος καὶ σοὶ πάρα.   810
ΟΙ. ἄπελθ', ἐρῶ γὰρ καὶ πρὸ τῶνδε, μηδέ με
φύλασσ' ἐφορμῶν ἔνθα χρὴ ναίειν ἐμέ.
ΚΡ. μαρτύρομαι τούσδ', οὐ σέ· πρὸς δὲ τοὺς φίλους
οἷ' ἀνταμείβει ῥήματ', ἤν σ' ἕλω ποτέ,—
ΟΙ. τίς δ' ἄν με τῶνδε συμμάχων ἕλοι βίᾳ;   815
ΚΡ. ἦ μὴν σὺ κἄνευ τοῦδε λυπηθεὶς ἔσει.
ΟΙ. ποίῳ σὺν ἔργῳ τοῦτ' ἀπειλήσας ἔχεις;
ΚΡ. παίδοιν δυοῖν σοι τὴν μὲν ἀρτίως ἐγὼ
ξυναρπάσας ἔπεμψα, τὴν δ' ἄξω τάχα.

792 κἀκ Doederlein: ἐκ L, vulg.: καὶ A.   808 τὸ καίρια Suidas
(s. v. χωρίς).   816 τοῦδε Musgrave: τῶνδε MSS.

ΟΙΔΙΠΟΥΣ ΕΠΙ ΚΟΛΩΝΩΙ

ΟΙ. οἴμοι. ΚΡ. τάχ᾽ ἕξεις μᾶλλον οἰμώζειν τάδε. 820
ΟΙ. τὴν παῖδ᾽ ἔχεις μου; ΚΡ. τήνδε τ᾽ οὐ μακροῦ
  χρόνου.
ΟΙ. ἰὼ ξένοι, τί δράσετ᾽; ἢ προδώσετε,
  κοὐκ ἐξελᾶτε τὸν ἀσεβῆ τῆσδε χθονός;
ΧΟ. χώρει, ξέν᾽, ἔξω θᾶσσον· οὔτε γὰρ τὰ νῦν
  δίκαια πράσσεις οὔθ᾽ ἃ πρόσθεν εἴργασαι.   825
ΚΡ. ὑμῖν ἂν εἴη τήνδε καιρὸς ἐξάγειν
  ἄκουσαν, εἰ θέλουσα μὴ πορεύσεται.
ΑΝ. οἴμοι τάλαινα, ποῖ φύγω; ποίαν λάβω
  θεῶν ἄρηξιν ἢ βροτῶν; ΧΟ. τί δρᾷς, ξένε;
ΚΡ. οὐχ ἅψομαι τοῦδ᾽ ἀνδρός, ἀλλὰ τῆς ἐμῆς.   830
ΟΙ. ὦ γῆς ἄνακτες. ΧΟ. ὦ ξέν᾽, οὐ δίκαια δρᾷς.
ΚΡ. δίκαια. ΧΟ. πῶς δίκαια; ΚΡ. τοὺς ἐμοὺς ἄγω.

στρ. ΟΙ. ἰὼ πόλις.
ΧΟ. 2 τί δρᾷς, ὦ ξέν᾽; οὐκ ἀφήσεις; τάχ᾽ εἰς βάσανον
  εἶ χερῶν.   835
ΚΡ. 3 εἴργου. ΧΟ. σοῦ μὲν οὔ, τάδε γε μωμένου.
ΚΡ. 4 πόλει μαχεῖ γάρ, εἴ τι πημανεῖς ἐμέ.
ΟΙ. 5 οὐκ ἠγόρευον ταῦτ᾽ ἐγώ; ΧΟ. μέθες χεροῖν
  6 τὴν παῖδα θᾶσσον. ΚΡ. μὴ ᾽πίτασσ᾽ ἃ μὴ κρατεῖς.
ΧΟ. 7 χαλᾶν λέγω σοι. ΚΡ. σοὶ δ᾽ ἔγωγ᾽ ὁδοιπορεῖν.
ΧΟ. 8 πρόβαθ᾽ ὧδε, βᾶτε βᾶτ᾽, ἔντοποι.   841
  9 πόλις ἐναίρεται, πόλις ἐμά, σθένει.
  10 πρόβαθ᾽ ὧδέ μοι.

ΑΝ. ἀφέλκομαι δύστηνος, ὦ ξένοι ξένοι.
ΟΙ. ποῦ, τέκνον, εἶ μοι; ΑΝ. πρὸς βίαν πορεύομαι. 845
ΟΙ. ὄρεξον, ὦ παῖ, χεῖρας. ΑΝ. ἀλλ᾽ οὐδὲν σθένω.
ΚΡ. οὐκ ἄξεθ᾽ ὑμεῖς; ΟΙ. ὦ τάλας ἐγώ, τάλας.
ΚΡ. οὔκουν ποτ᾽ ἐκ τούτοιν γε μὴ σκήπτροιν ἔτι

821 τήνδε γ᾽ MSS. : corr. Bothe.   837 πημαίνεις MSS. : corr. Porson.
841 ὧδε, βᾶτε] ὧδ᾽ ἐμβᾶτε MSS.: corr. Triclinius.

84　ΣΟΦΟΚΛΕΟΥΣ

ὁδοιπορήσῃς· ἀλλ' ἐπεὶ νικᾶν θέλεις
πατρίδα τε τὴν σὴν καὶ φίλους, ὑφ' ὧν ἐγὼ　850
ταχθεὶς τάδ' ἔρδω, καὶ τύραννος ὢν ὅμως,
νίκα. χρόνῳ γάρ, οἶδ' ἐγώ, γνώσει τάδε,
ὁθούνεκ' αὐτὸς αὐτὸν οὔτε νῦν καλὰ
δρᾷς οὔτε πρόσθεν εἰργάσω, βίᾳ φίλων
ὀργῇ χάριν δούς, ἥ σ' ἀεὶ λυμαίνεται.　855
ΧΟ. ἐπίσχες αὐτοῦ, ξεῖνε. ΚΡ. μὴ ψαύειν λέγω.
ΧΟ. οὔτοι σ' ἀφήσω, τῶνδέ γ' ἐστερημένος.
ΚΡ. καὶ μεῖζον ἆρα ῥύσιον πόλει τάχα
θήσεις· ἐφάψομαι γὰρ οὐ τούτοιν μόναιν.
ΧΟ. ἀλλ' ἐς τί τρέψει; ΚΡ. τόνδ' ἀπάξομαι λαβών.　860
ΧΟ. δεινὸν λέγοις ἄν. ΚΡ. τοῦτο νῦν πεπράξεται.
ΧΟ. ἢν μή γ' ὁ κραίνων τῆσδε γῆς ἀπειργάθῃ.
ΟΙ. ὦ φθέγμ' ἀναιδές, ἦ σὺ γὰρ ψαύσεις ἐμοῦ;
ΚΡ. αὐδῶ σιωπᾶν. ΟΙ. μὴ γὰρ αἵδε δαίμονες
θεῖέν μ' ἄφωνον τῆσδε τῆς ἀρᾶς ἔτι·　865
ὅς μ', ὦ κάκιστε, ψιλὸν ὄμμ' ἀποσπάσας
πρὸς ὄμμασιν τοῖς πρόσθεν ἐξοίχει βίᾳ.
τοιγὰρ σέ τ' αὐτὸν καὶ γένος τὸ σὸν θεῶν
ὁ πάντα λεύσσων Ἥλιος δοίη βίον
τοιοῦτον οἷον κἀμὲ γηρᾶναί ποτε.　870
ΚΡ. ὁρᾶτε ταῦτα, τῆσδε γῆς ἐγχώριοι;
ΟΙ. ὁρῶσι κἀμὲ καὶ σέ, καὶ φρονοῦσ' ὅτι
ἔργοις πεπονθὼς ῥήμασίν σ' ἀμύνομαι.
ΚΡ. οὔτοι καθέξω θυμόν, ἀλλ' ἄξω βίᾳ
κεἰ μοῦνός εἰμι τόνδε καὶ χρόνῳ βραδύς.　875

ἀντ. ΟΙ. ἰὼ τάλας.
ΧΟ. ι ὅσον λῆμ' ἔχων ἀφίκου, ξέν', εἰ τάδε δοκεῖς τελεῖν.
ΚΡ. 3 δοκῶ. ΧΟ. τάνδ' ἄρ' οὐκέτι νεμῶ πόλιν.

---

861 λέγοις L, A: λέγεις r. ἄν add. Hermann.
865 τῆς London ed. 1747: γῆς MSS. (from 862).

ΚΡ. 4 τοῖς τοι δικαίοις χὠ βραχὺς νικᾷ μέγαν. 880
ΟΙ. 5 ἀκούεθ᾽ οἶα φθέγγεται; ΧΟ. τά γ᾽ οὐ τελεῖ·
6 Ζεύς μοι ξυνίστω. ΚΡ. Ζεὺς γ᾽ ἂν εἰδείη, σὺ
δ᾽ οὔ.
ΧΟ. 7 ἆρ᾽ οὐχ ὕβρις τάδ᾽; ΚΡ. ὕβρις, ἀλλ᾽ ἀνεκτέα.
ΧΟ. 8 ἰὼ πᾶς λεώς, ἰὼ γᾶς πρόμοι,
9 μόλετε σὺν τάχει, μόλετ᾽· ἐπεὶ πέραν 885
10 περῶσ᾽ οἵδε δή.

(Θ)Η. τίς ποθ᾽ ἡ βοή; τί τοὔργον; ἐκ τίνος φόβου ποτὲ
βουθυτοῦντά μ᾽ ἀμφὶ βωμὸν ἔσχετ᾽ ἐναλίῳ θεῷ
τοῦδ᾽ ἐπιστάτῃ Κολωνοῦ; λέξαθ᾽, ὡς εἰδῶ τὸ πᾶν,
οὗ χάριν δεῦρ᾽ ᾖξα θᾶσσον ἢ καθ᾽ ἡδονὴν ποδός. 890
ΟΙ. ὦ φίλτατ᾽, ἔγνων γὰρ τὸ προσφώνημά σου,
πέπονθα δεινὰ τοῦδ᾽ ὑπ᾽ ἀνδρὸς ἀρτίως.
ΘΗ. τὰ ποῖα ταῦτα; τίς δ᾽ ὁ πημήνας; λέγε.
ΟΙ. Κρέων ὅδ᾽, ὃν δέδορκας, οἴχεται τέκνων
ἀποσπάσας μου τὴν μόνην ξυνωρίδα. 895
ΘΗ. πῶς εἶπας; ΟΙ. οἷά περ πέπονθ᾽ ἀκήκοας.
ΘΗ. οὔκουν τις ὡς τάχιστα προσπόλων μολὼν
πρὸς τούσδε βωμοὺς πάντ᾽ ἀναγκάσει λεὼν
ἄνιππον ἱππότην τε θυμάτων ἄπο
σπεύδειν ἀπὸ ῥυτῆρος, ἔνθα δίστομοι 900
μάλιστα συμβάλλουσιν ἐμπόρων ὁδοί,
ὡς μὴ παρέλθωσ᾽ αἱ κόραι, γέλως δ᾽ ἐγὼ
ξένῳ γένωμαι τῷδε, χειρωθεὶς βίᾳ.
ἴθ᾽, ὡς ἄνωγα, σὺν τάχει. τοῦτον δ᾽ ἐγώ,
εἰ μὲν δι᾽ ὀργῆς ἧκον ἧς ὅδ᾽ ἄξιος, 905
ἄτρωτον οὐ μεθῆκ᾽ ἂν ἐξ ἐμῆς χερός·

882 Ζεύς μοι ξυνίστω add. J.—Ζεὺς ταῦτ᾽ ἂν εἰδείη, σὺ δ᾽ οὔ MSS.:
corr. Hartung (who supplies ἴστω μέγας Ζεύς before these words).
886 περῶσι δή L, vulg.: περῶσι δῆτα Triclinius: corr. Elmsley.
906 οὐ μεθῆκ᾽ ἂν A: οὐδ᾽ ἀφῆκ᾽ ἂν L (but with οὐ μεθῆκ᾽ ἂν in marg.,
written prob. by the first hand).

νῦν δ' οὕσπερ αὐτὸς τοὺς νόμους εἰσῆλθ' ἔχων,
τούτοισι κοὐκ ἄλλοισιν ἁρμοσθήσεται.
οὐ γάρ ποτ' ἕξει τῆσδε τῆς χώρας, πρὶν ἂν
κείνας ἐναργεῖς δεῦρό μοι στήσῃς ἄγων·   910
ἐπεὶ δέδρακας οὕτ' ἐμοῦ καταξίως
οὕθ' ὧν πέφυκας αὐτὸς οὕτε σῆς χθονός,
ὅστις δίκαι' ἀσκοῦσαν εἰσελθὼν πόλιν
κἄνευ νόμου κραίνουσαν οὐδέν, εἶτ' ἀφεὶς
τὰ τῆσδε τῆς γῆς κύρι' ὧδ' ἐπεισπεσὼν   915
ἄγεις θ' ἃ χρῄζεις καὶ παρίστασαι βίᾳ.
καί μοι πόλιν κένανδρον ἢ δούλην τινὰ
ἔδοξας εἶναι, κἄμ' ἴσον τῷ μηδενί.
καίτοι σε Θῆβαί γ' οὐκ ἐπαίδευσαν κακόν·
οὐ γὰρ φιλοῦσιν ἄνδρας ἐκδίκους τρέφειν,   920
οὐδ' ἄν σ' ἐπαινέσειαν, εἰ πυθοίατο
συλῶντα τἀμὰ καὶ τὰ τῶν θεῶν, βίᾳ
ἄγοντα φωτῶν ἀθλίων ἱκτήρια.
οὔκουν ἔγωγ' ἂν σῆς ἐπεμβαίνων χθονός,
οὐδ' εἰ τὰ πάντων εἶχον ἐνδικώτατα,   925
ἄνευ γε τοῦ κραίνοντος, ὅστις ἦν, χθονὸς
οὕθ' εἷλκον οὕτ' ἂν ἦγον, ἀλλ' ἠπιστάμην
ξένον παρ' ἀστοῖς ὡς διαιτᾶσθαι χρεών.
σὺ δ' ἀξίαν οὐκ οὖσαν αἰσχύνεις πόλιν
τὴν αὐτὸς αὑτοῦ, καί σ' ὁ πληθύων χρόνος   930
γέρονθ' ὁμοῦ τίθησι καὶ τοῦ νοῦ κενόν.
εἶπον μὲν οὖν καὶ πρόσθεν, ἐννέπω δὲ νῦν,
τὰς παῖδας ὡς τάχιστα δεῦρ' ἄγειν τινά,
εἰ μὴ μέτοικος τῆσδε τῆς χώρας θέλεις
εἶναι βίᾳ τε κοὐχ ἑκών· καὶ ταῦτά σοι   935
τῷ νῷ θ' ὁμοίως κἀπὸ τῆς γλώσσης λέγω.
ΧΟ. ὁρᾷς ἵν' ἥκεις, ὦ ξέν'; ὡς ἀφ' ὧν μὲν εἶ
φαίνει δίκαιος, δρῶν δ' ἐφευρίσκει κακά.

ΚΡ. ἐγὼ οὔτ᾽ ἄνανδρον τήνδε τὴν πόλιν νέμων,
ὦ τέκνον Αἰγέως, οὔτ᾽ ἄβουλον, ὡς σὺ φής, 940
τοὔργον τόδ᾽ ἐξέπραξα, γιγνώσκων δ᾽ ὅτι
οὐδείς ποτ᾽ αὐτοὺς τῶν ἐμῶν ἂν ἐμπέσοι
ζῆλος ξυναίμων, ὥστ᾽ ἐμοῦ τρέφειν βίᾳ.
ἤδη δ᾽ ὁθούνεκ᾽ ἄνδρα καὶ πατροκτόνον
κἄναγνον οὐ δεξοίατ᾽, οὐδ᾽ ὅτῳ γάμοι 945
ξυνόντες ηὑρέθησαν ἀνόσιοι τέκνων.
τοιοῦτον αὐτοῖς Ἄρεος εὔβουλον πάγον
ἐγὼ ξυνῄδη χθόνιον ὄνθ᾽, ὃς οὐκ ἐᾷ
τοιούσδ᾽ ἀλήτας τῇδ᾽ ὁμοῦ ναίειν πόλει·
ᾧ πίστιν ἴσχων τήνδ᾽ ἐχειρούμην ἄγραν. 950
καὶ ταῦτ᾽ ἂν οὐκ ἔπρασσον, εἰ μή μοι πικρὰς
αὐτῷ τ᾽ ἀρὰς ἠρᾶτο καὶ τὠμῷ γένει·
ἀνθ᾽ ὧν πεπονθὼς ἠξίουν τάδ᾽ ἀντιδρᾶν.
θυμοῦ γὰρ οὐδὲν γῆράς ἐστιν ἄλλο πλὴν
θανεῖν· θανόντων δ᾽ οὐδὲν ἄλγος ἅπτεται. 955
πρὸς ταῦτα πράξεις οἷον ἂν θέλῃς· ἐπεὶ
ἐρημία με, κεἰ δίκαι᾽ ὅμως λέγω,
σμικρὸν τίθησι· πρὸς δὲ τὰς πράξεις ὅμως,
καὶ τηλικόσδ᾽ ὤν, ἀντιδρᾶν πειράσομαι.
ΟΙ. ὦ λῆμ᾽ ἀναιδές, τοῦ καθυβρίζειν δοκεῖς, 960
πότερον ἐμοῦ γέροντος ἢ σαυτοῦ, τόδε;
ὅστις φόνους μοι καὶ γάμους καὶ συμφορὰς
τοῦ σοῦ διῆκας στόματος, ἃς ἐγὼ τάλας
ἤνεγκον ἄκων· θεοῖς γὰρ ἦν οὕτω φίλον,
τάχ᾽ ἄν τι μηνίουσιν εἰς γένος πάλαι. 965
ἐπεὶ καθ᾽ αὑτόν γ᾽ οὐκ ἂν ἐξεύροις ἐμοὶ
ἁμαρτίας ὄνειδος οὐδέν, ἀνθ᾽ ὅτου
τάδ᾽ εἰς ἐμαυτὸν τοὺς ἐμούς θ᾽ ἡμάρτανον.
ἐπεὶ δίδαξον, εἴ τι θέσφατον πατρὶ
χρησμοῖσιν ἱκνεῖθ᾽ ὥστε πρὸς παίδων θανεῖν, 970

ΣΟΦΟΚΛΕΟΥΣ

πῶς ἂν δικαίως τοῦτ' ὀνειδίζοις ἐμοί,
ὃς οὔτε βλάστας πω γενεθλίους πατρός,
οὐ μητρὸς εἶχον, ἀλλ' ἀγέννητος τότ' ἦ;
εἰ δ' αὖ φανεὶς δύστηνος, ὡς ἐγὼ 'φάνην,
ἐς χεῖρας ἦλθον πατρὶ καὶ κατέκτανον,   975
μηδὲν ξυνιεὶς ὧν ἔδρων εἰς οὕς τ' ἔδρων,
πῶς ἂν τό γ' ἄκον πρᾶγμ' ἂν εἰκότως ψέγοις;
μητρὸς δέ, τλῆμον, οὐκ ἐπαισχύνει γάμους
οὔσης ὁμαίμου σῆς μ' ἀναγκάζων λέγειν
οἵους ἐρῶ τάχ'· οὐ γὰρ οὖν σιγήσομαι,   980
σοῦ γ' εἰς τόδ' ἐξελθόντος ἀνόσιον στόμα.
ἔτικτε γάρ μ' ἔτικτεν, ὤμοι μοι κακῶν,
οὐκ εἰδότ' οὐκ εἰδυῖα, καὶ τεκοῦσά με
αὑτῆς ὄνειδος παῖδας ἐξέφυσέ μοι.
ἀλλ' ἓν γὰρ οὖν ἔξοιδα, σὲ μὲν ἑκόντ' ἐμὲ   985
κείνην τε ταῦτα δυσστομεῖν· ἐγὼ δέ νιν
ἄκων ἔγημα, φθέγγομαί τ' ἄκων τάδε.
ἀλλ' οὐ γὰρ οὔτ' ἐν τοῖσδ' ἀκούσομαι κακὸς
γάμοισιν οὔθ' οὓς αἰὲν ἐμφορεῖς σύ μοι
φόνους πατρῴους ἐξονειδίζων πικρῶς.   990
ἓν γάρ μ' ἄμειψαι μοῦνον ὧν σ' ἀνιστορῶ.
εἴ τίς σε τὸν δίκαιον αὐτίκ' ἐνθάδε
κτείνοι παραστάς, πότερα πυνθάνοι' ἂν εἰ
πατήρ σ' ὁ καίνων, ἢ τίνοι' ἂν εὐθέως;
δοκῶ μέν, εἴπερ ζῆν φιλεῖς, τὸν αἴτιον   995
τίνοι' ἄν, οὐδὲ τοὐνδικον περιβλέποις.
τοιαῦτα μέντοι καὐτὸς εἰσέβην κακά,
θεῶν ἀγόντων· οἷς ἐγὼ οὐδὲ τὴν πατρὸς
ψυχὴν ἂν οἶμαι ζῶσαν ἀντειπεῖν ἐμοί.
σὺ δ', εἰ γὰρ οὐ δίκαιος, ἀλλ' ἅπαν καλὸν   1000
λέγειν νομίζων, ῥητὸν ἄρρητόν τ' ἔπος,

977 πῶς γ' ἂν MSS.: corr. Elmsley.   989 ἐμφερεῖς L (with o written
over ε by an early hand): ἐμφέρεις A.

τοιαῦτ' ὀνειδίζεις με τῶνδ' ἐναντίον.
καί σοι τὸ Θησέως ὄνομα θωπεῦσαι καλόν,
καὶ τὰς Ἀθήνας ὡς κατῴκηνται καλῶς·
κᾆθ' ὧδ' ἐπαινῶν πολλὰ τοῦδ' ἐκλανθάνει,   1005
ὁθούνεκ' εἴ τις γῆ θεοὺς ἐπίσταται
τιμαῖς σεβίζειν, ἥδε τῷδ' ὑπερφέρει·
ἀφ' ἧς σὺ κλέψας τὸν ἱκέτην γέροντ' ἐμὲ
αὐτόν τ' ἐχειροῦ τὰς κόρας τ' οἴχει λαβών.
ἀνθ' ὧν ἐγὼ νῦν τάσδε τὰς θεὰς ἐμοὶ   1010
καλῶν ἱκνοῦμαι καὶ κατασκήπτω λιταῖς
ἐλθεῖν ἀρωγοὺς ξυμμάχους θ', ἵν' ἐκμάθῃς
οἵων ὑπ' ἀνδρῶν ἥδε φρουρεῖται πόλις.
ΧΟ. ὁ ξεῖνος, ὦναξ, χρηστός· αἱ δὲ συμφοραὶ
αὐτοῦ πανώλεις, ἄξιαι δ' ἀμυναθεῖν.   1015
ΘΗ. ἅλις λόγων· ὡς οἱ μὲν ἐξειργασμένοι
σπεύδουσιν, ἡμεῖς δ' οἱ παθόντες ἕσταμεν.
ΚΡ. τί δῆτ' ἀμαυρῷ φωτὶ προστάσσεις ποεῖν;
(·)Π. ὁδοῦ κατάρχειν τῆς ἐκεῖ, πομπὸν δ' ἐμὲ
χωρεῖν, ἵν', εἰ μὲν ἐν τόποισι τοῖσδ' ἔχεις   1020
τὰς παῖδας ἡμῖν, αὐτὸς ἐκδείξῃς ἐμοί·
εἰ δ' ἐγκρατεῖς φεύγουσιν, οὐδὲν δεῖ πονεῖν·
ἄλλοι γὰρ οἱ σπεύδοντες, οὓς οὐ μή ποτε
χώρας φυγόντες τῆσδ' ἐπεύξωνται θεοῖς.
ἀλλ' ἐξυφηγοῦ· γνῶθι δ' ὡς ἔχων ἔχει   1025
καί σ' εἷλε θηρῶνθ' ἡ τύχη· τὰ γὰρ δόλῳ
τῷ μὴ δικαίῳ κτήματ' οὐχὶ σῴζεται.
κοὐκ ἄλλον ἕξεις εἰς τόδ'· ὡς ἔξοιδά σε
οὐ ψιλὸν οὐδ' ἄσκευον ἐς τοσήνδ' ὕβριν
ἥκοντα τόλμης τῆς παρεστώσης τανῦν,   1030

1007 τιμὰς MSS. (the ὰ made in L from ᾶ): corr. Turnebus.—τῷδ'
Kuhnhardt: τοῦδ' L, vulg.: τοῦθ' r.   1016 ἐξηρπασμένην L (-ην made
from -οι): ἐξηρπασμένοι r: corr. F. W. Schmidt.   1019 δέ με MSS.:
corr. Hermann.   1021 ἡμῶν MSS.: corr. Elmsley.

ΣΟΦΟΚΛΕΟΥΣ

ἀλλ' ἔσθ' ὅτῳ σὺ πιστὸς ὢν ἕδρας τάδε.
ἃ δεῖ μ' ἀθρῆσαι, μηδὲ τήνδε τὴν πόλιν
ἑνὸς ποῆσαι φωτὸς ἀσθενεστέραν.
νοεῖς τι τούτων, ἢ μάτην τὰ νῦν τέ σοι
δοκεῖ λελέχθαι χὥτε ταῦτ' ἐμηχανῶ;   1035

ΚΡ. οὐδὲν σὺ μεμπτὸν ἐνθάδ' ὢν ἐρεῖς ἐμοί·
οἴκοι δὲ χἠμεῖς εἰσόμεσθ' ἃ χρὴ ποεῖν.

ΘΗ. χωρῶν ἀπείλει νῦν· σὺ δ' ἡμίν, Οἰδίπους,
ἔκηλος αὐτοῦ μίμνε, πιστωθεὶς ὅτι,
ἢν μὴ θάνω 'γὼ πρόσθεν, οὐχὶ παύσομαι   1040
πρὶν ἄν σε τῶν σῶν κύριον στήσω τέκνων.

ΟΙ. ὄναιο, Θησεῦ, τοῦ τε γενναίου χάριν
καὶ τῆς πρὸς ἡμᾶς ἐνδίκου προμηθίας.

στρ. α'. ΧΟ. εἴην ὅθι δαΐων
2 ἀνδρῶν τάχ' ἐπιστροφαὶ   1045
3 τὸν χαλκοβόαν Ἄρη
4 μείξουσιν, ἢ πρὸς Πυθίαις
5 ἢ λαμπάσιν ἀκταῖς,
6 οὗ πότνιαι σεμνὰ τιθηνοῦνται τέλη   1050
7 θνατοῖσιν, ὧν καὶ χρυσέα
8 κλῂς ἐπὶ γλώσσᾳ βέβακε
9 προσπόλων Εὐμολπιδᾶν·
10 ἔνθ' οἶμαι τὸν ἐγρεμάχαν
11 Θησέα καὶ τὰς διστόλους   1055
12 ἀδμῆτας ἀδελφὰς
13 αὐτάρκει τάχ' ἐμμείξειν βοᾷ
14 τούσδ' ἀνὰ χώρους·

ἀντ. α'. ἦ που τὸν ἐφέσπερου
2 πέτρας νιφάδος πελῶσ'   1060
3 Οἰάτιδος εἰς νομόν,

1050 σεμναί MSS.: corr. Valckenaer.
1061 εἰς νομόν Hartung: ἐκ νομοῦ MSS.

4 πώλοισιν ἢ ῥιμφαρμάτοις

5 φεύγοντες ἀμίλλαις.

6 ἁλώσεται· δεινὸς ὁ προσχώρων Ἄρης,　　　　　1065

7 δεινὰ δὲ Θησειδᾶν ἀκμά.

8 πᾶς γὰρ ἀστράπτει χαλινός,

9 πᾶσα δ' ὁρμᾶται καθεῖσ'

10 ἀμπυκτήρια στομίων

11 ἄμβασις, οἳ τὰν ἱππίαν　　　　　1070

12 τιμῶσιν Ἀθάναν

13 καὶ τὸν πόντιον γαιάοχον

14 Ῥέας φίλον υἱόν.

στρ. β'. ἔρδουσ' ἢ μέλλουσιν; ὥς　　　　　1074

2 προμνᾶταί τί μοι

3 γνώμα τάχ' ἀντάσειν

4 τᾶν δεινὰ τλασᾶν, δεινὰ δ' εὑρουσᾶν πρὸς αὐθαί-
μων πάθη.

5 τελεῖ τελεῖ Ζεύς τι κατ' ἆμαρ·

6 μάντις εἴμ' ἐσθλῶν ἀγώνων.　　　　　1080

7 εἴθ' ἀελλαία ταχύρρωστος πελειὰς

8 αἰθερίας νεφέλας κύρσαιμ' ἄνωθ' ἀγώνων

9 αἰωρήσασα τοὐμὸν ὄμμα.

ἀντ. β'. ἰὼ θεῶν πάνταρχε, παντ-　　　　　1085

2 όπτα Ζεῦ, πόροις

3 γᾶς τᾶσδε δαμούχοις

4 σθένει 'πινικείῳ τὸν εὔαγρον τελειῶσαι λόχον,

1068 καθεῖσ' Schneidewin: κατ' MSS.　　1069 ἀμπυκτήρια φάλαρα
πώλων MSS.: corr. Wecklein. (Bothe and Hermann had deleted φάλαρα.)
1074 ἔρδουσιν MSS.: corr. Elmsley.　　1076 ἀντάσειν Buecheler: ἂν
δώσειν MSS.　　1077 τὰν δεινὰ τλᾶσαν δεινὰ δ' εὑροῦσαν MSS.: corr. Reisig
(from schol. in L).—αὐθαίμων Bothe: αὐθομαίμων MSS.　　1083 ἄνωθ'
Hermann: αὐτῶν δ' MSS.　　1084 αἰωρήσασα Dindorf (ἐωρήσασα Wun-
der): θεωρήσασα MSS.　　1085 f. ἰὼ Ζεῦ πάνταρχε θεῶν | παντόπτα
πόροις MSS.: corr. J.　　1088 ἐπινικείωι σθένει L: ἐπινίκωι σθένει r:
corr. Hermann.

ΣΟΦΟΚΛΕΟΥΣ

5 σεμνά τε παῖς Παλλὰς Ἀθάνα.   1090
6 καὶ τὸν ἀγρευτὰν Ἀπόλλω
7 καὶ κασιγνήταν πυκνοστίκτων ὀπαδὸν
8 ὠκυπόδων ἐλάφων στέργω διπλᾶς ἀρωγὰς
9 μολεῖν γᾷ τᾷδε καὶ πολίταις.   1095

ὦ ξεῖν᾽ ἀλῆτα, τῷ σκοπῷ μὲν οὐκ ἐρεῖς
ὡς ψευδόμαντις· τὰς κόρας γὰρ εἰσορῶ
τάσδ᾽ ἆσσον αὖθις ὧδε προσπολουμένας.

ΟΙ.   ποῦ ποῦ; τί φής; πῶς εἶπας; ΑΝ. ὦ πάτερ πάτερ,
τίς ἂν θεῶν σοι τόνδ᾽ ἄριστον ἄνδρ᾽ ἰδεῖν   1100
δοίη, τὸν ἡμᾶς δεῦρο προσπέμψαντά σοι;
ΟΙ.   ὦ τέκνον, ἦ πάρεστον; ΑΝ. αἵδε γὰρ χέρες
Θησέως ἔσωσαν φιλτάτων τ᾽ ὀπαόνων.
ΟΙ.   προσέλθετ᾽, ὦ παῖ, πατρί, καὶ τὸ μηδαμὰ
ἐλπισθὲν ἥξειν σῶμα βαστάσαι δότε.   1105
ΑΝ.   αἰτεῖς ἃ τεύξει· σὺν πόθῳ γὰρ ἡ χάρις.
ΟΙ.   ποῦ δῆτα, ποῦ 'στόν; ΑΝ. αἵδ᾽ ὁμοῦ πελάζομεν.
ΟΙ.   ὦ φίλτατ᾽ ἔρνη. ΑΝ. τῷ τεκόντι πᾶν φίλον.
ΟΙ.   ὦ σκῆπτρα φωτός. ΑΝ. δυσμόρου γε δύσμορα.
ΟΙ.   ἔχω τὰ φίλτατ᾽, οὐδ᾽ ἔτ᾽ ἂν πανάθλιος   1110
θανὼν ἂν εἴην σφῷν παρεστώσαιν ἐμοί.
ἐρείσατ᾽, ὦ παῖ, πλευρὸν ἀμφιδέξιον
ἐμφύντε τῷ φύσαντι, κἀναπνεύσατον
τοῦ πρόσθ᾽ ἐρήμου τοῦδε δυστήνου πλάνου.
καί μοι τὰ πραχθέντ᾽ εἴπαθ᾽ ὡς βράχιστ᾽, ἐπεὶ
ταῖς τηλικαῖσδε σμικρὸς ἐξαρκεῖ λόγος.   1116
ΑΝ.   ὅδ᾽ ἔσθ᾽ ὁ σώσας· τοῦδε χρὴ κλύειν, πάτερ,
οὗ κἄστι τοὔργον· τοὐμὸν ὧδ᾽ ἔσται βραχύ.

1112 ἀμφιδεξιὸν L, ἀμφὶ δεξιὸν r : corr. Mudge.   1113 ἐμφῦσᾶ L
(made by S from ἐμφύσᾶ: a later hand has restored the acute accent, but
without deleting the circumflex): ἐμφῦσα vulg., ἐμφῦτε A: corr. Mudge.—
κἀναπαύσετον L, vulg.: κἀναπαύσατον r: corr. J.   1118 καὶ σοί τε
τοὔργον τοὐμὸν ἔσται βραχύ L: (so the other mss., except that L² has καὶ
σοί γε: T and Farn., ἔσται δὴ βραχύ :) corr. Wex.

ΟΙ. ὦ ξεῖνε, μὴ θαύμαζε, πρὸς τὸ λιπαρὲς
τέκν᾽ εἰ φανέντ᾽ ἄελπτα μηκύνω λόγον. 1120
ἐπίσταμαι γὰρ τήνδε τὴν ἐς τάσδε μοι
τέρψιν παρ᾽ ἄλλου μηδενὸς πεφασμένην·
σὺ γάρ νιν ἐξέσωσας, οὐκ ἄλλος βροτῶν.
καί σοι θεοὶ πόροιεν ὡς ἐγὼ θέλω,
αὐτῷ τε καὶ γῇ τῇδ᾽· ἐπεὶ τό γ᾽ εὐσεβὲς 1125
μόνοις παρ᾽ ὑμῖν ηὗρον ἀνθρώπων ἐγὼ
καὶ τοὐπιεικὲς καὶ τὸ μὴ ψευδοστομεῖν.
εἰδὼς δ᾽ ἀμύνω τοῖσδε τοῖς λόγοις τάδε·
ἔχω γὰρ ἅχω διὰ σὲ κοὐκ ἄλλον βροτῶν.
καί μοι χέρ᾽, ὦναξ, δεξιὰν ὄρεξον, ὡς 1130
ψαύσω φιλήσω τ᾽, εἰ θέμις, τὸ σὸν κάρα.
καίτοι τί φωνῶ; πῶς σ᾽ ἂν ἄθλιος γεγὼς
θιγεῖν θελήσαιμ᾽ ἀνδρὸς ᾧ τίς οὐκ ἔνι
κηλὶς κακῶν ξύνοικος; οὐκ ἔγωγέ σε,
οὐδ᾽ οὖν ἐάσω· τοῖς γὰρ ἐμπείροις βροτῶν 1135
μόνοις οἷόν τε συνταλαιπωρεῖν τάδε.
σὺ δ᾽ αὐτόθεν μοι χαῖρε, καὶ τὰ λοιπά μου
μέλου δικαίως, ὥσπερ ἐς τόδ᾽ ἡμέρας.
ΘΗ. οὔτ᾽ εἴ τι μῆκος τῶν λόγων ἔθου πλέον,
τέκνοισι τερφθεὶς τοῖσδε, θαυμάσας ἔχω, 1140
οὔτ᾽ εἰ πρὸ τοὐμοῦ προύλαβες τὰ τῶνδ᾽ ἔπη·
βάρος γὰρ ἡμᾶς οὐδὲν ἐκ τούτων ἔχει.
οὐ γὰρ λόγοισι τὸν βίον σπουδάζομεν
λαμπρὸν ποεῖσθαι μᾶλλον ἢ τοῖς δρωμένοις.
δείκνυμι δ᾽· ὧν γὰρ ὤμοσ᾽ οὐκ ἐψευσάμην 1145
οὐδέν σε, πρέσβυ· τάσδε γὰρ πάρειμ᾽ ἄγων
ζώσας, ἀκραιφνεῖς τῶν κατηπειλημένων.
χὥπως μὲν ἀγὼν ἡρέθη, τί δεῖ μάτην

1130 χέρ᾽ A: χαῖρ᾽ L.   1132 πῶς σ᾽ Hermann: πῶς δ᾽ MSS.
1141 οὔτ᾽ Elmsley: οὐδ᾽ MSS.   1148 χὥπως μὲν ἀγὼν οὗτος ἡρέθη, τί
δεῖ μάτην MSS.: οὗτος del. Heath.

ΣΟΦΟΚΛΕΟΥΣ

κομπεῖν, ἅ γ᾽ εἴσει καὐτὸς ἐκ τούτοιν ξυνών·
λόγος δ᾽ ὃς ἐμπέπτωκεν ἀρτίως ἐμοὶ 1150
στείχοντι δεῦρο, συμβαλοῦ γνώμην, ἐπεὶ
σμικρὸς μὲν εἰπεῖν, ἄξιος δὲ θαυμάσαι·
πρᾶγος δ᾽ ἀτίζειν οὐδὲν ἄνθρωπον χρεών.
ΟΙ. τί δ᾽ ἔστι, τέκνον Αἰγέως; δίδασκέ με,
ὡς μὴ εἰδότ᾽ αὐτὸν μηδὲν ὧν σὺ πυνθάνει. 1155
ΘΗ. φασίν τιν᾽ ἡμῖν ἄνδρα, σοὶ μὲν ἔμπολιν
οὐκ ὄντα, συγγενῆ δέ, προσπεσόντα πως
βωμῷ καθῆσθαι τῷ Ποσειδῶνος, παρ᾽ ᾧ
θύων ἔκυρον ἡνίχ᾽ ὡρμώμην ἐγώ.
ΟΙ. ποδαπόν; τί προσχρῄζοντα τῷ θακήματι; 1160
ΘΗ. οὐκ οἶδα πλὴν ἕν· σοῦ γάρ, ὡς λέγουσί μοι,
βραχύν τιν᾽ αἰτεῖ μῦθον οὐκ ὄγκου πλέων.
ΟΙ. ποῖόν τιν᾽; οὐ γὰρ ἥδ᾽ ἕδρα σμικροῦ λόγου.
ΘΗ. σοὶ φασὶν αὐτὸν ἐς λόγους ἐλθεῖν μόνον
αἰτεῖν ἀπελθεῖν τ᾽ ἀσφαλῶς τῆς δεῦρ᾽ ὁδοῦ. 1165
ΟΙ. τίς δῆτ᾽ ἂν εἴη τήνδ᾽ ὁ προσθακῶν ἕδραν;
ΟΗ. ὅρα κατ᾽ Ἄργος εἴ τις ὑμῖν ἐγγενὴς
ἔσθ᾽, ὅστις ἄν σου τοῦτο προσχρῄζοι τυχεῖν.
ΟΙ. ὦ φίλτατε, σχὲς οὗπερ εἶ. ΘΗ. τί δ᾽ ἔστι σοι;
ΟΙ. μή μου δεηθῇς. ΘΗ. πράγματος ποίου; λέγε. 1170
ΟΙ. ἔξοιδ᾽ ἀκούων τῶνδ᾽ ὃς ἐσθ᾽ ὁ προστάτης.
ΘΗ. καὶ τίς ποτ᾽ ἐστίν, ὅν γ᾽ ἐγὼ ψέξαιμί τι;
ΟΙ. παῖς οὑμός, ὦναξ, στυγνός, οὗ λόγων ἐγὼ
ἄλγιστ᾽ ἂν ἀνδρῶν ἐξανασχοίμην κλύων.
ΘΗ. τί δ᾽; οὐκ ἀκούειν ἔστι, καὶ μὴ δρᾶν ἃ μὴ 1175
χρῄζεις; τί σοι τοῦδ᾽ ἐστὶ λυπηρὸν κλύειν;
ΟΙ. ἔχθιστον, ὦναξ, φθέγμα τοῦθ᾽ ἥκει πατρί·
καὶ μή μ᾽ ἀνάγκῃ προσβάλῃς τάδ᾽ εἰκαθεῖν.

1164 μόνον Vauvilliers: μολόντ᾽ MSS.   1165 τ᾽ add. Vauvilliers.
1169 ὦ φίλτατ᾽ ἴσχες L (ἐπίσχες A): corr. Heath.   1176 τοῦδ᾽
Elmsley: τοῦτ᾽ MSS.

ΟΙΔΙΠΟΥΣ ΕΠΙ ΚΟΛΩΝΩΙ

ΘΗ. ἀλλ᾽ εἰ τὸ θάκημ᾽ ἐξαναγκάζει, σκόπει·
μή σοι πρόνοι᾽ ᾖ τοῦ θεοῦ φυλακτέα.   1180
ΑΝ. πάτερ, πιθοῦ μοι, κεἰ νέα παραινέσω.
τὸν ἄνδρ᾽ ἔασον τόνδε τῇ θ᾽ αὑτοῦ φρενὶ
χάριν παρασχεῖν τῷ θεῷ θ᾽ ἃ βούλεται,
καὶ νῶν ὕπεικε τὸν κασίγνητον μολεῖν.
οὐ γάρ σε, θάρσει, πρὸς βίαν παρασπάσει   1185
γνώμης, ἃ μή σοι συμφέροντα λέξεται.
λόγων δ᾽ ἀκοῦσαι τίς βλάβη; τά τοι κακῶς
ηὑρημέν᾽ ἔργα τῷ λόγῳ μηνύεται.
ἔφυσας αὐτόν· ὥστε μηδὲ δρῶντά σε
τὰ τῶν κακίστων δυσσεβέστατ᾽, ὦ πάτερ,   1190
θέμις σέ γ᾽ εἶναι κεῖνον ἀντιδρᾶν κακῶς.
ἀλλ᾽ ἔασον· εἰσὶ χἀτέροις γοναὶ κακαὶ
καὶ θυμὸς ὀξύς, ἀλλὰ νουθετούμενοι
φίλων ἐπῳδαῖς ἐξεπᾴδονται φύσιν.
σὺ δ᾽ εἰς ἐκεῖνα, μὴ τὰ νῦν, ἀποσκόπει   1195
πατρῷα καὶ μητρῷα πήμαθ᾽ ἅπαθες·
κἂν κεῖνα λεύσσῃς, οἶδ᾽ ἐγώ, γνώσει κακοῦ
θυμοῦ τελευτὴν ὡς κακὴ προσγίγνεται.
ἔχεις γὰρ οὐχὶ βαιὰ τἀνθυμήματα,
τῶν σῶν ἀδέρκτων ὀμμάτων τητώμενος.   1200
ἀλλ᾽ ἡμὶν εἶκε· λιπαρεῖν γὰρ οὐ καλὸν
δίκαια προσχρῄζουσιν, οὐδ᾽ αὐτὸν μὲν εὖ
πάσχειν, παθόντα δ᾽ οὐκ ἐπίστασθαι τίνειν.
ΟΙ. τέκνον, βαρεῖαν ἡδονὴν νικᾶτέ με
λέγοντες· ἔστω δ᾽ οὖν ὅπως ὑμῖν φίλον.   1205
μόνον, ξέν᾽, εἴπερ κεῖνος ὧδ᾽ ἐλεύσεται,
μηδεὶς κρατείτω τῆς ἐμῆς ψυχῆς ποτε.

1187 κακῶς Hermann: καλῶς MSS.   1190 δυσσεβεστάτων MSS.:
corr. Dawes.   1191 θέμιν conj. Dawes.   1192 ἀλλ᾽ αὐτὸν or
ἀλλ᾽ αὐτὸν MSS.: corr. London ed. of 1722.   1199 οὐχὶ (sic) βίαια
L, οὐ βίαια r, vulg.: corr. Musgrave.

ΣΟΦΟΚΛΕΟΥΣ

ΘΗ. ἅπαξ τὰ τοιαῦτ', οὐχὶ δὶς χρήζω κλύειν,
    ὦ πρέσβυ· κομπεῖν δ' οὐχὶ βούλομαι· σὺ δ' ὢν
    σῶς ἴσθ', ἐάν περ κάμέ τις σῴζῃ θεῶν.   1210

στρ. ΧΟ. ὅστις τοῦ πλέονος μέρους χρήζει τοῦ μετρίου
    παρεὶς
    2 ζώειν, σκαιοσύναν φυλάσσων ἐν ἐμοὶ κατάδηλος
    ἔσται.
    3 ἐπεὶ πολλὰ μὲν αἱ μακραὶ ἁμέραι κατέθεντο δὴ
    4 λύπας ἐγγυτέρω, τὰ τέρποντα δ' οὐκ ἂν ἴδοις ὅπου,
    5 ὅταν τις ἐς πλέον πέσῃ
    6 τοῦ δέοντος· ὁ δ' ἐπίκουρος ἰσοτέλεστος,   1220
    7 Ἄϊδος ὅτε μοῖρ' ἀνυμέναιος
    8 ἄλυρος ἄχορος ἀναπέφηνε,
    9 θάνατος ἐς τελευτάν.

ἀντ. μὴ φῦναι τὸν ἅπαντα νικᾷ λόγον· τὸ δ', ἐπεὶ φανῇ,
    2 βῆναι κεῖθεν ὅθεν περ ἥκει πολὺ δεύτερον ὡς
    τάχιστα.   1228
    3 ὡς εὖτ' ἂν τὸ νέον παρῇ κούφας ἀφροσύνας φέρον,
    4 τίς πλαγὰ πολύμοχθος ἔξω; τίς οὐ καμάτων ἔνι;
    5 φθόνος, στάσεις, ἔρις, μάχαι
    6 καὶ φόνοι· τό τε κατάμεμπτον ἐπιλέλογχε   1235
    7 πύματον ἀκρατὲς ἀπροσόμιλον
    8 γῆρας ἄφιλον, ἵνα πρόπαντα
    9 κακὰ κακῶν ξυνοικεῖ.

ἐπ. ἐν ᾧ τλάμων ὅδ', οὐκ ἐγὼ μόνος
    πάντοθεν βόρειος ὥς τις   1240

1209 σὺ δὲ MSS. (in L δέ σε superscr. by S) : corr. Dindorf.   1210 σῶν
MSS.: corr. Scaliger.   1212 παρεὶς] πέρα conj. Schneidewin.   1220 τοῦ
θέλοντος MSS. : corr. Reiske.—ὁ δ' ἐπίκουρος Hermann : οὐδ' ἔπι κοῦρος L :
οὐδ' ἐπὶ κόρος A.   1226 κεῖθεν ὅθεν] κεῖσ' ὁπόθεν conj. Blaydes.
1231 πλαγὰ Herwerden: πλάγχθη MSS.   1233 f. φόνοι...καὶ φθόνος
MSS. : corr. Faehse.

ΟΙΔΙΠΟΥΣ ΕΠΙ ΚΟΛΩΝΩΙ

ἀκτὰ κυματοπλὴξ χειμερία κλονεῖται,
ὡς καὶ τόνδε κατ᾽ ἄκρας
δειναὶ κυματοαγεῖς
ἆται κλονέουσιν ἀεὶ ξυνοῦσαι,
αἱ μὲν ἀπ᾽ ἀελίου δυσμᾶν,   1245
αἱ δ᾽ ἀνατέλλοντος,
αἱ δ᾽ ἀνὰ μέσσαν ἀκτῖν᾽,
αἱ δ᾽ ἐννυχιᾶν ἀπὸ Ῥιπᾶν.

ΑΝ.   καὶ μὴν ὅδ᾽ ἡμῖν, ὡς ἔοικεν, ὁ ξένος,
ἀνδρῶν γε μοῦνος, ὦ πάτερ, δι᾽ ὄμματος   1250
ἀστακτὶ λείβων δάκρυον ὧδ᾽ ὁδοιπορεῖ.
ΟΙ.   τίς οὗτος; ΑΝ. ὅνπερ καὶ πάλαι κατείχομεν
γνώμῃ, πάρεστι δεῦρο Πολυνείκης ὅδε.

ΠΟΛΥΝΕΙΚΗΣ.

οἴμοι, τί δράσω; πότερα τἀμαυτοῦ κακὰ
πρόσθεν δακρύσω, παῖδες, ἢ τὰ τοῦδ᾽ ὁρῶν   1255
πατρὸς γέροντος; ὃν ξένης ἐπὶ χθονὸς
σὺν σφῷν ἐφηύρηκ᾽ ἐνθάδ᾽ ἐκβεβλημένον
ἐσθῆτι σὺν τοιᾷδε, τῆς ὁ δυσφιλὴς
γέρων γέροντι συγκατῴκηκεν πίνος
πλευρὰν μαραίνων, κρατὶ δ᾽ ὀμματοστερεῖ   1260
κόμη δι᾽ αὔρας ἀκτένιστος ἄσσεται·
ἀδελφὰ δ᾽, ὡς ἔοικε, τούτοισιν φορεῖ
τὰ τῆς ταλαίνης νηδύος θρεπτήρια.
ἀγὼ πανώλης ὄψ᾽ ἄγαν ἐκμανθάνω·
καὶ μαρτυρῶ κάκιστος ἀνθρώπων τροφαῖς ■   1265
παῖς σαῖσιν ἥκειν· τἀμὰ μὴ 'ξ ἄλλων πύθῃ.
ἀλλ᾽ ἔστι γὰρ καὶ Ζηνὶ σύνθακος θρόνων
Αἰδὼς ἐπ᾽ ἔργοις πᾶσι, καὶ πρὸς σοί, πάτερ,

1248 αἱ δὲ νυχίαν L (νυχιᾶν r): corr. Lachmann from schol.
1259 πίνος Scaliger: πόνος MSS.   1266 τἀμὰ Reiske: τἄλλα MSS.

παρασταθήτω· τῶν γὰρ ἡμαρτημένων
ἄκη μὲν ἔστι, προσφορὰ δ' οὐκ ἔστ' ἔτι.   1270
τί σιγᾷς;
φώνησον, ὦ πάτερ, τι· μή μ' ἀποστραφῇς.
οὐδ' ἀνταμείβει μ' οὐδέν, ἀλλ' ἀτιμάσας
πέμψεις ἄναυδος, οὐδ' ἃ μηνίεις φράσας;
ὦ σπέρματ' ἀνδρὸς τοῦδ', ἐμαὶ δ' ὁμαίμονες,   1275
πειράσατ' ἀλλ' ὑμεῖς γε κινῆσαι πατρὸς
τὸ δυσπρόσοιστον κἀπροσήγορον στόμα,
ὡς μή μ' ἄτιμον, τοῦ θεοῦ γε προστάτην,
οὕτως ἀφῇ με, μηδὲν ἀντειπὼν ἔπος.
ΑΝ. λέγ', ὦ ταλαίπωρ', αὐτὸς ὢν χρείᾳ πάρει.   1280
τὰ πολλὰ γάρ τοι ῥήματ' ἢ τέρψαντά τι
ἢ δυσχεράναντ' ἢ κατοικτίσαντά πως
παρέσχε φωνὴν τοῖς ἀφωνήτοις τινά.
ΠΟ. ἀλλ' ἐξερῶ· καλῶς γὰρ ἐξηγεῖ σύ μοι·
πρῶτον μὲν αὐτὸν τὸν θεὸν ποιούμενος   1285
ἀρωγόν, ἔνθεν μ' ὧδ' ἀνέστησεν μολεῖν
ὁ τῆσδε τῆς γῆς κοίρανος, διδοὺς ἐμοὶ
λέξαι τ' ἀκοῦσαί τ' ἀσφαλεῖ σὺν ἐξόδῳ.
καὶ ταῦτ' ἀφ' ὑμῶν, ὦ ξένοι, βουλήσομαι
καὶ τοῖνδ' ἀδελφαῖν καὶ πατρὸς κυρεῖν ἐμοί.   1290
ἃ δ' ἦλθον ἤδη σοι θέλω λέξαι, πάτερ.
γῆς ἐκ πατρῴας ἐξελήλαμαι φυγάς,
τοῖς σοῖς πανάρχοις οὕνεκ' ἐνθακεῖν θρόνοις
γονῇ πεφυκὼς ἠξίουν γεραιτέρᾳ.
ἀνθ' ὧν μ' Ἐτεοκλῆς, ὢν φύσει νεώτερος,   1295
γῆς ἐξέωσεν, οὔτε νικήσας λόγῳ
οὔτ' εἰς ἔλεγχον χειρὸς οὐδ' ἔργου μολών,
πόλιν δὲ πείσας. ὧν ἐγὼ μάλιστα μὲν
τὴν σὴν Ἐρινὺν αἰτίαν εἶναι λέγω·
ἔπειτα κἀπὸ μάντεων ταύτῃ κλύω.   1300

1279 οὕτως μ' ἀφῇ γε MSS.: corr. Dindorf.

ΟΙΔΙΠΟΥΣ ΕΠΙ ΚΟΛΩΝΩΙ

ἐπεὶ γὰρ ἦλθον Ἄργος ἐς τὸ Δωρικόν,
λαβὼν Ἄδραστον πενθερόν, ξυνωμότας
ἔστησ' ἐμαυτῷ γῆς ὅσοιπερ Ἀπίας
πρῶτοι καλοῦνται καὶ τετίμηνται δορί,
ὅπως τὸν ἑπτάλογχον ἐς Θήβας στόλον   1305
ξὺν τοῖσδ' ἀγείρας ἢ θάνοιμι πανδίκως,
ἢ τοὺς τάδ' ἐκπράξαντας ἐκβάλοιμι γῆς.
εἶεν· τί δῆτα νῦν ἀφιγμένος κυρῶ;
σοὶ προστροπαίους, ὦ πάτερ, λιτὰς ἔχων
αὐτός τ' ἐμαυτοῦ ξυμμάχων τε τῶν ἐμῶν,   1310
οἳ νῦν σὺν ἑπτὰ τάξεσιν σὺν ἑπτά τε
λόγχαις τὸ Θήβης πεδίον ἀμφεστᾶσι πᾶν·
οἷος δορυσσοῦς Ἀμφιάρεως, τὰ πρῶτα μὲν
δόρει κρατύνων, πρῶτα δ' οἰωνῶν ὁδοῖς·
ὁ δεύτερος δ' Αἰτωλὸς Οἰνέως τόκος   1315
Τυδεύς· τρίτος δ' Ἐτέοκλος, Ἀργεῖος γεγώς·
τέταρτον Ἱππομέδοντ' ἀπέστειλεν πατὴρ
Ταλαός· ὁ πέμπτος δ' εὔχεται κατασκαφῇ
Καπανεὺς τὸ Θήβης ἄστυ δῃώσειν πυρί·
ἕκτος δὲ Παρθενοπαῖος Ἀρκὰς ὄρνυται,   1320
ἐπώνυμος τῆς πρόσθεν ἀδμήτης χρόνῳ
μητρὸς λοχευθείς, πιστὸς Ἀταλάντης γόνος·
ἐγὼ δὲ σός, κεἰ μὴ σός, ἀλλὰ τοῦ κακοῦ
πότμου φυτευθείς, σός γέ τοι καλούμενος,
ἄγω τὸν Ἄργους ἄφοβον ἐς Θήβας στρατόν.   1325
οἵ σ' ἀντὶ παίδων τῶνδε καὶ ψυχῆς, πάτερ,
ἱκετεύομεν ξύμπαντες ἐξαιτούμενοι
μῆνιν βαρεῖαν εἰκαθεῖν ὁρμωμένῳ
τῷδ' ἀνδρὶ τοὐμοῦ πρὸς κασιγνήτου τίσιν,
ὅς μ' ἐξέωσε κἀπεσύλησεν πάτρας.   1330
εἰ γάρ τι πιστόν ἐστιν ἐκ χρηστηρίων,
οἷς ἂν σὺ προσθῇ, τοῖσδ' ἔφασκ' εἶναι κράτος.

1319 πυρί L, vulg.: τάχα A, R.

ΣΟΦΟΚΛΕΟΥΣ

πρός νύν σε κρηνῶν καὶ θεῶν ὁμογνίων
αἰτῶ πιθέσθαι καὶ παρεικαθεῖν, ἐπεὶ
πτωχοὶ μὲν ἡμεῖς καὶ ξένοι, ξένος δὲ σύ· 1335
ἄλλους δὲ θωπεύοντες οἰκοῦμεν σύ τε
κἀγώ, τὸν αὐτὸν δαίμον᾽ ἐξειληχότες.
ὁ δ᾽ ἐν δόμοις τύραννος, ὦ τάλας ἐγώ,
κοινῇ καθ᾽ ἡμῶν ἐγγελῶν ἁβρύνεται·
ὅν, εἰ σὺ τῇμῇ ξυμπαραστήσει φρενί, 1340
βραχεῖ σὺν ὄγκῳ καὶ χρόνῳ διασκεδῶ.
ὥστ᾽ ἐν δόμοισι τοῖσι σοῖς στήσω σ᾽ ἄγων,
στήσω δ᾽ ἐμαυτόν, κεῖνον ἐκβαλὼν βίᾳ.
καὶ ταῦτα σοῦ μὲν ξυνθέλοντος ἔστι μοι
κομπεῖν, ἄνευ σοῦ δ᾽ οὐδὲ σωθῆναι σθένω. 1345
ΧΟ. τὸν ἄνδρα, τοῦ πέμψαντος οὕνεκ᾽, Οἰδίπους,
εἰπὼν ὁποῖα ξύμφορ᾽ ἔκπεμψαι πάλιν.
ΟΙ. ἀλλ᾽ εἰ μέν, ἄνδρες τῆσδε δημοῦχοι χθονός,
μὴ ᾽τύγχαν᾽ αὐτὸν δεῦρο προσπέμψας ἐμοὶ
Θησεύς, δικαιῶν ὥστ᾽ ἐμοῦ κλύειν λόγους, 1350
οὔ τἄν ποτ᾽ ὀμφῆς τῆς ἐμῆς ἐπῄσθετο·
νῦν δ᾽ ἀξιωθεὶς εἶσι κἀκούσας γ᾽ ἐμοῦ
τοιαῦθ᾽ ἃ τὸν τοῦδ᾽ οὔ ποτ᾽ εὐφρανεῖ βίον·
ὅς γ᾽, ὦ κάκιστε, σκῆπτρα καὶ θρόνους ἔχων,
ἃ νῦν ὁ σὸς ξύναιμος ἐν Θήβαις ἔχει, 1355
τὸν αὐτὸς αὑτοῦ πατέρα τόνδ᾽ ἀπήλασας
κἄθηκας ἄπολιν καὶ στολὰς ταύτας φορεῖν,
ἃς νῦν δακρύεις εἰσορῶν, ὅτ᾽ ἐν πόνῳ
ταὐτῷ βεβηκὼς τυγχάνεις κακῶν ἐμοί.
οὐ κλαυστὰ δ᾽ ἐστίν, ἀλλ᾽ ἐμοὶ μὲν οἰστέα 1360
τάδ᾽, ἔωσπερ ἂν ζῶ, σοῦ φονέως μεμνημένος.
σὺ γάρ με μόχθῳ τῷδ᾽ ἔθηκας ἔντροφον,

σύ μ' ἐξέωσας· ἐκ σέθεν δ' ἀλώμενος
ἄλλους ἐπαιτῶ τὸν καθ' ἡμέραν βίον.
εἰ δ' ἐξέφυσα τάσδε μὴ 'μαυτῷ τροφοὺς   1365
τὰς παῖδας, ἦ τἂν οὐκ ἂν ἦ, τὸ σὸν μέρος·
νῦν δ' αἵδε μ' ἐκσῴζουσιν, αἵδ' ἐμαὶ τροφοί,
αἵδ' ἄνδρες, οὐ γυναῖκες, εἰς τὸ συμπονεῖν·
ὑμεῖς δ' ἀπ' ἄλλου κοὐκ ἐμοῦ πεφύκατον.
τοιγάρ σ' ὁ δαίμων εἰσορᾷ μὲν οὔ τί πω   1370
ὡς αὐτίκ', εἴπερ οἵδε κινοῦνται λόχοι
πρὸς ἄστυ Θήβης. οὐ γὰρ ἔσθ' ὅπως πόλιν
κείνην ἐρείψεις, ἀλλὰ πρόσθεν αἵματι
πεσεῖ μιανθεὶς χὠ σύναιμος ἐξ ἴσου.
τοιάσδ' ἀρὰς σφῷν πρόσθε τ' ἐξανῆκ' ἐγὼ   1375
νῦν τ' ἀνακαλοῦμαι ξυμμάχους ἐλθεῖν ἐμοί,
ἵν' ἀξιῶτον τοὺς φυτεύσαντας σέβειν,
καὶ μὴ 'ξατιμάζητον, εἰ τυφλοῦ πατρὸς
τοιώδ' ἔφυτον. αἵδε γὰρ τάδ' οὐκ ἔδρων.
τοιγὰρ τὸ σὸν θάκημα καὶ τοὺς σοὺς θρόνους   1380
κρατοῦσιν, εἴπερ ἐστὶν ἡ παλαίφατος
Δίκη ξύνεδρος Ζηνὸς ἀρχαίοις νόμοις.
σὺ δ' ἔρρ' ἀπόπτυστός τε κἀπάτωρ ἐμοῦ,
κακῶν κάκιστε, τάσδε συλλαβὼν ἀράς,
ἅς σοι καλοῦμαι, μήτε γῆς ἐμφυλίου   1385
δόρει κρατῆσαι μήτε νοστῆσαί ποτε
τὸ κοῖλον Ἄργος, ἀλλὰ συγγενεῖ χερὶ
θανεῖν κτανεῖν θ' ὑφ' οὗπερ ἐξελήλασαι.
τοιαῦτ' ἀρῶμαι, καὶ καλῶ τὸ Ταρτάρου
στυγνὸν πατρῷον ἔρεβος, ὥς σ' ἀποικίσῃ,   1390
καλῶ δὲ τάσδε δαίμονας, καλῶ δ' Ἄρη
τὸν σφῷν τὸ δεινὸν μῖσος ἐμβεβληκότα.
καὶ ταῦτ' ἀκούσας στεῖχε, κἀξάγγελλ' ἰὼν

1373 ἐρείψεις Turnebus: ἐρεῖ τις (or τίς) MSS.
1386 δορὶ MSS.: corr. Reisig.   1389 τὸ Hermann: τοῦ MSS.

ΣΟΦΟΚΛΕΟΥΣ

καὶ πᾶσι Καδμείοισι τοῖς σαυτοῦ θ᾽ ἅμα
πιστοῖσι συμμάχοισιν, οὕνεκ᾽ Οἰδίπους   1395
τοιαῦτ᾽ ἔνειμε παισὶ τοῖς αὑτοῦ γέρα.

ΧΟ. Πολύνεικες, οὔτε ταῖς παρελθούσαις ὁδοῖς
ξυνήδομαί σου, νῦν τ᾽ ἴθ᾽ ὡς τάχος πάλιν.

ΠΟ. οἴμοι κελεύθου τῆς τ᾽ ἐμῆς δυσπραξίας,
οἴμοι δ᾽ ἑταίρων· οἷον ἆρ᾽ ὁδοῦ τέλος   1400
Ἄργους ἀφωρμήθημεν, ὦ τάλας ἐγώ·
τοιοῦτον οἷον οὐδὲ φωνῆσαί τινι
ἔξεσθ᾽ ἑταίρων, οὐδ᾽ ἀποστρέψαι πάλιν,
ἀλλ᾽ ὄντ᾽ ἄναυδον τῇδε συγκῦρσαι τύχῃ.
ὦ τοῦδ᾽ ὅμαιμοι παῖδες, ἀλλ᾽ ὑμεῖς, ἐπεὶ   1405
τὰ σκληρὰ πατρὸς κλύετε ταῦτ᾽ ἀρωμένου,
μή τοί με πρὸς θεῶν σφώ γ᾽, ἐὰν αἱ τοῦδ᾽ ἀραὶ
πατρὸς τελῶνται καί τις ὑμὶν ἐς δόμους
νόστος γένηται, μή μ᾽ ἀτιμάσητέ γε,
ἀλλ᾽ ἐν τάφοισι θέσθε κἀν κτερίσμασιν.   1410
καὶ σφῷν ὁ νῦν ἔπαινος, ὃν κομίζετον
τοῦδ᾽ ἀνδρὸς οἷς πονεῖτον, οὐκ ἐλάσσονα
ἔτ᾽ ἄλλον οἴσει τῆς ἐμῆς ὑπουργίας.

ΑΝ. Πολύνεικες, ἱκετεύω σε πεισθῆναί τί μοι.

ΠΟ. ὦ φιλτάτη, τὸ ποῖον, Ἀντιγόνη; λέγε.   1415

ΑΝ. στρέψαι στράτευμ᾽ ἐς Ἄργος ὡς τάχιστά γε,
καὶ μὴ σέ τ᾽ αὐτὸν καὶ πόλιν διεργάσῃ.

ΠΟ. ἀλλ᾽ οὐχ οἷόν τε. πῶς γὰρ αὖθις ἂν πάλιν
στράτευμ᾽ ἄγοιμι ταὐτὸν εἰσάπαξ τρέσας;

ΑΝ. τί δ᾽ αὖθις, ὦ παῖ, δεῖ σε θυμοῦσθαι; τί σοι   1420
πάτραν κατασκάψαντι κέρδος ἔρχεται;

ΠΟ. αἰσχρὸν τὸ φεύγειν, καὶ τὸ πρεσβεύοντ᾽ ἐμὲ

1398 σου Wecklein: σοι MSS.   1402 τινι Tyrwhitt: τινα MSS.
1406 ταῦτ᾽ Sehrwald: τοῦδ᾽ MSS.   1407 σφώ γ᾽, ἐὰν Elmsley: σφῶιν
γ᾽ ἂν L, vulg.   1417 σέ γ᾽ αὐτὸν MSS.: corr. Brunck.   1418 αὖθις
ἂν Vauvilliers: αὖθις αὖ MSS.

οὕτω γελᾶσθαι τοῦ κασιγνήτου πάρα.

ΑΝ. ὁρᾷς τὰ τοῦδ' οὖν ὡς ἐς ὀρθὸν ἐκφέρει
μαντεύμαθ', ὃς σφῷν θάνατον ἐξ ἀμφοῖν θροεῖ ;

ΠΟ. χρήζει γάρ· ἡμῖν δ' οὐχὶ συγχωρητέα. 1426

ΑΝ. οἴμοι τάλαινα· τίς δὲ τολμήσει κλύων
τὰ τοῦδ' ἕπεσθαι τἀνδρός, οἷ' ἐθέσπισεν ;

ΠΟ. οὐδ' ἀγγελοῦμεν φλαῦρ'· ἐπεὶ στρατηλάτου
χρηστοῦ τὰ κρείσσω μηδὲ τἀνδεᾶ λέγειν. 1430

ΑΝ. οὕτως ἄρ', ὦ παῖ, ταῦτά σοι δεδογμένα;

ΠΟ. καὶ μή μ' ἐπίσχῃς γ'· ἀλλ' ἐμοὶ μὲν ἥδ' ὁδὸς
ἔσται μέλουσα, δύσποτμός τε καὶ κακὴ
πρὸς τοῦδε πατρὸς τῶν τε τοῦδ' Ἐρινύων·
σφὼ δ' εὐοδοίη Ζεύς, τάδ' εἰ θανόντι μοι 1435
τελεῖτ', ἐπεὶ οὔ μοι ζῶντί γ' αὖθις ἕξετον.
μέθεσθε δ' ἤδη, χαίρετόν τ'· οὐ γάρ μ' ἔτι
βλέποντ' ἐσόψεσθ' αὖθις. ΑΝ. ὦ τάλαιν' ἐγώ.

ΠΟ. μή τοί μ' ὀδύρου. ΑΝ. καὶ τίς ἄν σ' ὁρμώμενον
εἰς προῦπτον Ἅιδην οὐ καταστένοι, κάσι; 1440

ΠΟ. εἰ χρή, θανοῦμαι. ΑΝ. μὴ σύ γ', ἀλλ' ἐμοὶ πιθοῦ.

ΠΟ. μὴ πεῖθ' ἃ μὴ δεῖ. ΑΝ. δυστάλαινά τἄρ' ἐγώ,
εἴ σου στερηθῶ. ΠΟ. ταῦτα δ' ἐν τῷ δαίμονι
καὶ τῇδε φῦναι χἀτέρᾳ. σφῷν δ' οὖν ἐγὼ
θεοῖς ἀρῶμαι μή ποτ' ἀντῆσαι κακῶν· 1445
ἀνάξιαι γὰρ πᾶσίν ἐστε δυστυχεῖν.

κομμός. ΧΟ. νέα τάδε νεόθεν ἦλθέ μοι
στρ. α'. 2 κακὰ βαρύποτμα παρ' ἀλαοῦ ξένου,
3 εἴ τι μοῖρα μὴ κιγχάνει. 1450
4 ματᾶν γὰρ οὐδὲν ἀξίωμα δαιμόνων ἔχω φράσαι.

1435 f. σφὼ Hermann: σφῶν MSS.—τάδ' εἰ τελεῖτέ μοι | θανόντ' MSS. :
corr. Lobeck.   1448 βαρύποτμα κακὰ MSS.: corr. J. H. H. Schmidt.
1450 κιχάνηι L (made from τυγχάνηι, prob. by S): κιχάνη or κιχάνει r:
corr. Hermann.   1451 ματᾶν Hermann: μάτην MSS.

ΣΟΦΟΚΛΕΟΥΣ

5 ὁρᾷ ὁρᾷ ταῦτ᾽ ἀεὶ χρόνος, στρέφων μὲν ἕτερα,
6 τὰ δὲ παρ᾽ ἦμαρ αὖθις αὔξων ἄνω.   1455
7 ἔκτυπεν αἰθήρ, ὦ Ζεῦ.

ΟΙ.   ὦ τέκνα τέκνα, πῶς ἄν, εἴ τις ἔντοπος,
τὸν πάντ᾽ ἄριστον δεῦρο Θησέα πόροι;
ΑΝ.   πάτερ, τί δ᾽ ἐστὶ τἀξίωμ᾽ ἐφ᾽ ᾧ καλεῖς;
ΟΙ.   Διὸς πτερωτὸς ἥδε μ᾽ αὐτίκ᾽ ἄξεται   1460
βροντὴ πρὸς Ἅιδην. ἀλλὰ πέμψαθ᾽ ὡς τάχος.

ἀντ. α΄.   ΧΟ.   μέγας, ἴδε, μάλ᾽ ὅδ᾽ ἐρείπεται
2 κτύπος ἄφατος διόβολος· ἐς δ᾽ ἄκραν
3 δεῖμ᾽ ὑπῆλθε κρατὸς φόβαν.   1465
4 ἔπτηξα θυμόν· οὐρανία γὰρ ἀστραπὴ φλέγει πάλιν.
5 τί μὰν ἀφήσει τέλος; δέδοικα δ᾽· οὐ γὰρ ἅλιον
6 ἀφορμᾷ ποτ᾽ οὐδ᾽ ἄνευ ξυμφορᾶς.   1470
7 ὦ μέγας αἰθήρ, ὦ Ζεῦ.

ΟΙ.   ὦ παῖδες, ἥκει τῷδ᾽ ἐπ᾽ ἀνδρὶ θέσφατος
βίου τελευτή, κοὐκέτ᾽ ἔστ᾽ ἀποστροφή.
ΑΝ.   πῶς οἶσθα; τῷ δὲ τοῦτο συμβαλὼν ἔχεις;
ΟΙ.   καλῶς κάτοιδ᾽· ἀλλ᾽ ὡς τάχιστά μοι μολὼν   1475
ἄνακτα χώρας τῆσδέ τις πορευσάτω.

στρ. β΄.   ΧΟ.   ἔα, ἰδοὺ μάλ᾽ αὖθις ἀμφίσταται
2 διαπρύσιος ὄτοβος.
3 ἵλαος, ὦ δαίμων, ἵλαος, εἴ τι γᾷ   1480
4 ματέρι τυγχάνεις ἀφεγγὲς φέρων.
5 ἐναισίου δὲ σοῦ τύχοιμι, μηδ᾽ ἄλαστον ἄνδρ᾽ ἰδὼν

1454 στρέφων Hartung: ἐπεὶ MSS.   1455 τὰ δὲ παρ᾽ ἦμαρ Canter
from schol.: τάδε πήματ᾽ MSS.   1462 f. ἴδε μάλα μέγας ἐρείπεται | κτύπος
ἄφατος ὅδε | διόβολος MSS.: corr. J.   1469 δέδοικα δ᾽ Nauck: δέδεια τόδ᾽
L (δέδια τόδ᾽ r, vulg.): δέδια δ᾽ Triclinius.   1470 οὐδ᾽ Heath: οὐκ MSS.
1477 ἔα] ἔα ἔα MSS.: corr. Bothe, Seidler.   1482 σοῦ τύχοιμι Cobet:
συντύχοιμι MSS.

ΟΙΔΙΠΟΥΣ ΕΠΙ ΚΟΛΩΝΩΙ

6 ἀκερδῆ χάριν μετάσχοιμί πως·
7 Ζεῦ ἄνα, σοὶ φωνῶ.   1485

ΟΙ. ἆρ' ἐγγὺς ἀνήρ; ἆρ' ἔτ' ἐμψύχου, τέκνα,
    κιχήσεταί μου καὶ κατορθοῦντος φρένα;
ΑΝ. τί δ' ἂν θέλοις τὸ πιστὸν ἐμφῦναι φρενί;
ΟΙ. ἀνθ' ὧν ἔπασχον εὖ, τελεσφόρον χάριν
    δοῦναί σφιν, ἥνπερ τυγχάνων ὑπεσχόμην.   1490

ἀντ. β'. ΧΟ. ἰὼ ἰώ, παῖ, βᾶθι, βᾶθ', εἴτ' ἄκρα
2 περὶ γύαλ' ἐναλίῳ
3 Ποσειδωνίῳ θεῷ τυγχάνεις
4 βούθυτον ἑστίαν ἁγίζων, ἱκοῦ.   1495
5 ὁ γὰρ ξένος σε καὶ πόλισμα καὶ φίλους ἐπαξιοῖ
6 δικαίαν χάριν παρασχεῖν παθών.
7 σπεῦσον, ἄϊσσ', ὦναξ.

ΘΗ. τίς αὖ παρ' ὑμῶν κοινὸς ἠχεῖται κτύπος,   1500
    σαφὴς μὲν ἀστῶν, ἐμφανὴς δὲ τοῦ ξένου;
    μή τις Διὸς κεραυνός, ἤ τις ὀμβρία
    χάλαζ' ἐπιρράξασα; πάντα γὰρ θεοῦ
    τοιαῦτα χειμάζοντος εἰκάσαι πάρα.
ΟΙ. ἄναξ, ποθοῦντι προὐφάνης, καί σοι θεῶν   1505
    τύχην τις ἐσθλὴν τῆσδ' ἔθηκε τῆς ὁδοῦ.
ΘΗ. τί δ' ἐστίν, ὦ παῖ Λαΐου, νέορτον αὖ;
ΟΙ. ῥοπὴ βίου μοι· καί σ' ἅπερ ξυνῄνεσα
    θέλω πόλιν τε τήνδε μὴ ψεύσας θανεῖν.
ΘΗ. ἐν τῷ δὲ κεῖσαι τοῦ μόρου τεκμηρίῳ;   1510
ΟΙ. αὐτοὶ θεοὶ κήρυκες ἀγγέλλουσί μοι,
    ψεύδοντες οὐδὲν σημάτων προκειμένων.

1491 ff. ἰὼ ἰώ Hermann : ἰώ MSS. —ἄκρα | περὶ γύαλ' J. : ἄκραν | ἐπιγύ-
αλον (or ἐπὶ γύαλον) MSS.   1494 ποσειδωνίῳ Vat.: ποσειδαωνίωι L,
vulg.: ποσειδαονίωι R.   1495 ἁγίζων A (and superscr. by S in L):
ἁγιάζων L.   1499 σπεῦσον add. Triclinius.   1501 ἀστῶν Reiske :
αὐτῶν MSS.   1506 θῆκε τῆσδε MSS.: corr. Heath.

ΣΟΦΟΚΛΕΟΥΣ

ΘΗ. πῶς εἶπας, ὦ γεραιέ, δηλοῦσθαι τάδε;
ΟΙ. αἱ πολλὰ βρονταὶ διατελεῖς τὰ πολλά τε
στράψαντα χειρὸς τῆς ἀνικήτου βέλη.   1515
ΘΗ. πείθεις με· πολλὰ γάρ σε θεσπίζονθ᾽ ὁρῶ
κοὐ ψευδόφημα· χὤ τι χρὴ ποεῖν λέγε.
ΟΙ. ἐγὼ διδάξω, τέκνον Αἰγέως, ἅ σοι
γήρως ἄλυπα τῇδε κείσεται πόλει.
χῶρον μὲν αὐτὸς αὐτίκ᾽ ἐξηγήσομαι,   1520
ἄθικτος ἡγητῆρος, οὗ με χρὴ θανεῖν.
τοῦτον δὲ φράζε μή ποτ᾽ ἀνθρώπων τινί,
μήθ᾽ οὗ κέκευθε μήτ᾽ ἐν οἷς κεῖται τόποις·
ὥς σοι πρὸ πολλῶν ἀσπίδων ἀλκὴν ὅδε
δορός τ᾽ ἐπακτοῦ γειτόνων ἀεὶ τιθῇ.   1525
ἃ δ᾽ ἐξάγιστα μηδὲ κινεῖται λόγῳ,
αὐτὸς μαθήσει, κεῖσ᾽ ὅταν μόλῃς μόνος·
ὡς οὔτ᾽ ἂν ἀστῶν τῶνδ᾽ ἂν ἐξείποιμί τῳ
οὔτ᾽ ἂν τέκνοισι τοῖς ἐμοῖς, στέργων ὅμως.
ἀλλ᾽ αὐτὸς ἀεὶ σῷζε, χὤταν εἰς τέλος   1530
τοῦ ζῆν ἀφικνῇ, τῷ προφερτάτῳ μόνῳ
σήμαιν᾽, ὁ δ᾽ ἀεὶ τὠπιόντι δεικνύτω.
χοὔτως ἀδῇον τήνδ᾽ ἐνοικήσεις πόλιν
σπαρτῶν ἀπ᾽ ἀνδρῶν· αἱ δὲ μυρίαι πόλεις,
κἂν εὖ τις οἰκῇ, ῥᾳδίως καθύβρισαν.   1535
θεοὶ γὰρ εὖ μὲν ὀψὲ δ᾽ εἰσορῶσ᾽, ὅταν
τὰ θεῖ᾽ ἀφείς τις εἰς τὸ μαίνεσθαι τραπῇ·
ὃ μὴ σύ, τέκνον Αἰγέως, βούλου παθεῖν.
τὰ μὲν τοιαῦτ᾽ οὖν εἰδότ᾽ ἐκδιδάσκομεν.
χῶρον δ᾽, ἐπείγει γάρ με τοὐκ θεοῦ παρόν,   1540
στείχωμεν ἤδη, μηδ᾽ ἔτ᾽ ἐντρεπώμεθα.
ὦ παῖδες, ὧδ᾽ ἕπεσθ᾽. ἐγὼ γὰρ ἡγεμὼν
σφῷν αὖ πέφασμαι καινός, ὥσπερ σφὼ πατρί.

1515 στρέψαντα MSS. : corr. Pierson.
1541 μηδ᾽ ἔτ᾽ Reisig: μὴ δέ γ᾽ L, vulg.

χωρεῖτε, καὶ μὴ ψαύετ᾽, ἀλλ᾽ ἐᾶτέ με
αὐτὸν τὸν ἱερὸν τύμβον ἐξευρεῖν, ἵνα   1545
μοῖρ᾽ ἀνδρὶ τῷδε τῇδε κρυφθῆναι χθονί.
τῇδ᾽, ὧδε, τῇδε βᾶτε· τῇδε γάρ μ᾽ ἄγει
Ἑρμῆς ὁ πομπὸς ἥ τε νερτέρα θεός.
ὦ φῶς ἀφεγγές, πρόσθε πού ποτ᾽ ἦσθ᾽ ἐμόν,
νῦν δ᾽ ἔσχατόν σου τοὐμὸν ἅπτεται δέμας.   1550
ἤδη γὰρ ἕρπω τὸν τελευταῖον βίον
κρύψων παρ᾽ Ἅιδην· ἀλλά, φίλτατε ξένων,
αὐτός τε χώρα θ᾽ ἥδε πρόσπολοί τε σοὶ
εὐδαίμονες γένοισθε, κἀπ᾽ εὐπραξίᾳ
μέμνησθέ μου θανόντος εὐτυχεῖς ἀεί.   1555

στρ. ΧΟ. εἰ θέμις ἐστί μοι τὰν ἀφανῆ θεὸν
2 καὶ σὲ λιταῖς σεβίζειν,
3 ἐννυχίων ἄναξ,
4 Αἰδωνεῦ, Αἰδωνεῦ, λίσσομαι   1560
5 ἄπονα μηδ᾽ ἐπὶ βαρυαχεῖ
6 ξένον ἐξανύσαι
7 μόρῳ τὰν παγκευθῆ κάτω
8 νεκρῶν πλάκα καὶ Στύγιον δόμον.
9 πολλῶν γὰρ ἂν καὶ μάταν   1565
10 πημάτων ἱκνουμένων
11 πάλιν σφε δαίμων δίκαιος αὔξοι.

ἀντ. ὦ χθόνιαι θεαί, σῶμά τ᾽ ἀνικάτου   1568
2 θηρός, ὃν ἐν πύλαισι
3 ταῖσι πολυξένοις   1570
4 εὐνᾶσθαι κνυζεῖσθαί τ᾽ ἐξ ἄντρων
5 ἀδάματον φύλακα παρ᾽ Ἅιδᾳ

1561 ἄπονα μηδ᾽ Wecklein: μήτ᾽ ἐπιπόνω L: μήτ᾽ (or μήποτ᾽) ἐπίπονα r.
1562 ἐξανύσαι Vauvilliers : ἐκτανύσαι MSS.   1564 νεκρῶν Triclinius :
νεκύων MSS.   1565 f. πολλῶν γὰρ αὖ τέρματ᾽ ἂν | πημάτων ἱκνούμενον
conj. J.   1567 σφε Reiske: σε MSS.   1570 ταῖσι Bergk: φασι
MSS.   1572 ἀδάμαστον L, vulg.: corr. Brunck.

ΣΟΦΟΚΛΕΟΥΣ

6 λόγος αἰὲν ἔχει·
7 τόν, ὦ Γᾶς παῖ καὶ Ταρτάρου,
8 κατεύχομαι ἐν καθαρῷ βῆναι 1575
9 ὁρμωμένῳ νερτέρας
10 τῷ ξένῳ νεκρῶν πλάκας·
11 σέ τοι κικλήσκω τὸν αἰένυπνον.

ΑΓΓΕΛΟΣ.

ἄνδρες πολῖται, ξυντομώτατον μὲν ἂν
τύχοιμι λέξας Οἰδίπουν ὀλωλότα· 1580
ἃ δ᾽ ἦν τὰ πραχθέντ᾽ οὔθ᾽ ὁ μῦθος ἐν βραχεῖ
φράσαι πάρεστιν οὔτε τἄργ᾽ ὅσ᾽ ἦν ἐκεῖ.
ΧΟ. ὄλωλε γὰρ δύστηνος; ΑΓ. ὡς λελοιπότα
κεῖνον τὸν ἀεὶ βίοτον ἐξεπίστασο.
ΧΟ. πῶς; ἆρα θείᾳ κἀπόνῳ τάλας τύχῃ; 1585
ΑΓ. τοῦτ᾽ ἐστὶν ἤδη κἀποθαυμάσαι πρέπον.
ὡς μὲν γὰρ ἐνθένδ᾽ εἷρπε, καὶ σύ που παρὼν
ἔξοισθ᾽, ὑφηγητῆρος οὐδενὸς φίλων,
ἀλλ᾽ αὐτὸς ἡμῖν πᾶσιν ἐξηγούμενος·
ἐπεὶ δ᾽ ἀφῖκτο τὸν καταρράκτην ὁδὸν 1590
χαλκοῖς βάθροισι γῆθεν ἐρριζωμένον,
ἔστη κελεύθων ἐν πολυσχίστων μιᾷ,
κοίλου πέλας κρατῆρος, οὗ τὰ Θησέως
Περίθου τε κεῖται πίστ᾽ ἀεὶ ξυνθήματα·
ἀφ᾽ οὗ μέσος στὰς τοῦ τε Θορικίου πέτρου 1595
κοίλης τ᾽ ἀχέρδου κἀπὸ λαΐνου τάφου
καθέζετ᾽· εἶτ᾽ ἔλυσε δυσπινεῖς στολάς.

1573 ἔχει Triclinius: ἀνέχει L, vulg. 1574 τόν Hermann: ὅν MSS.
1578 αἰὲν ἄϋπνον L¹, vulg.: αἰέν ὕπνον L³. 1579 ξυντομωτάτως MSS.:
corr. Elmsley. 1584 ἀεὶ L: αἰεὶ A, vulg. 1586 τοῦτ᾽ r: ταῦτ᾽
L, vulg. 1588 ὑφηγητῆρος r: ὑφ᾽ ἡγητῆρος L. 1595 ἐφ᾽ οὗ
μέσου MSS. (μέσον Vat.): corr. Brunck, Musgrave. 1597 ἔλυσε r:
ἔδυσε L, vulg.

κἄπειτ' ἀΰσας παῖδας ἠνώγει ῥυτῶν
ὑδάτων ἐνεγκεῖν λουτρὰ καὶ χοάς ποθεν·
τὼ δ' εὐχλόου Δήμητρος εἰς προσόψιον   1600
πάγον μολοῦσαι τάσδ' ἐπιστολὰς πατρὶ
ταχεῖ 'πόρευσαν σὺν χρόνῳ, λουτροῖς τέ νιν
ἐσθῆτί τ' ἐξήσκησαν ᾗ νομίζεται.
ἐπεὶ δὲ παντὸς εἶχε δρῶντος ἡδονήν,
κοὐκ ἦν ἔτ' οὐδὲν ἀργὸν ὧν ἐφίετο,   1605
κτύπησε μὲν Ζεὺς χθόνιος, αἱ δὲ παρθένοι
ῥίγησαν ὡς ἤκουσαν· ἐς δὲ γούνατα
πατρὸς πεσοῦσαι κλαῖον, οὐδ' ἀνίεσαν
στέρνων ἀραγμοὺς οὐδὲ παμμήκεις γόους.
ὁ δ' ὡς ἀκούει φθόγγον ἐξαίφνης πικρόν,   1610
πτύξας ἐπ' αὐταῖς χεῖρας εἶπεν· ὦ τέκνα,
οὐκ ἔστ' ἔθ' ὑμῖν τῇδ' ἐν ἡμέρᾳ πατήρ.
ὄλωλε γὰρ δὴ πάντα τἀμά, κοὐκέτι
τὴν δυσπόνητον ἕξετ' ἀμφ' ἐμοὶ τροφήν·
σκληρὰν μέν, οἶδα, παῖδες· ἀλλ' ἐν γὰρ μόνον   1615
τὰ πάντα λύει ταῦτ' ἔπος μοχθήματα.
τὸ γὰρ φιλεῖν οὐκ ἔστιν ἐξ ὅτου πλέον
ἢ τοῦδε τἀνδρὸς ἔσχεθ', οὗ τητώμεναι
τὸ λοιπὸν ἤδη τὸν βίον διάξετον.
τοιαῦτ' ἐπ' ἀλλήλοισιν ἀμφικείμενοι   1620
λύγδην ἔκλαιον πάντες. ὡς δὲ πρὸς τέλος
γόων ἀφίκοντ' οὐδ' ἔτ' ὠρώρει βοή,
ἦν μὲν σιωπή, φθέγμα δ' ἐξαίφνης τινὸς
θώϋξεν αὐτόν, ὥστε πάντας ὀρθίας
στῆσαι φόβῳ δείσαντας ἐξαίφνης τρίχας.   1625
καλεῖ γὰρ αὐτὸν πολλὰ πολλαχῇ θεός·
ὦ οὗτος οὗτος, Οἰδίπους, τί μέλλομεν
χωρεῖν; πάλαι δὴ τἀπὸ σοῦ βραδύνεται.

1600 προσόψιον L: ἐπόψιον r, vulg.
1619 τὸν βίον] τὸν om. MSS., add. Elmsley. τοῦ βίου Suidas.

ΣΟΦΟΚΛΕΟΥΣ

ὁ δ᾽ ὡς ἐπῄσθετ᾽ ἐκ θεοῦ καλούμενος,
αὐδᾷ μολεῖν οἱ γῆς ἄνακτα Θησέα.   1630
κἀπεὶ προσῆλθεν, εἶπεν· ὦ φίλον κάρα,
δός μοι χερὸς σῆς πίστιν ὁρκίαν τέκνοις,
ὑμεῖς τε, παῖδες, τῷδε· καὶ καταίνεσον
μήποτε προδώσειν τάσδ᾽ ἑκών, τελεῖν δ᾽ ὅσ᾽ ἂν
μέλλῃς φρονῶν εὖ ξυμφέροντ᾽ αὐταῖς ἀεί.   1635
ὁ δ᾽, ὡς ἀνὴρ γενναῖος, οὐκ οἴκτου μέτα
κατῄνεσεν τάδ᾽ ὅρκιος δράσειν ξένῳ.
ὅπως δὲ ταῦτ᾽ ἔδρασεν, εὐθὺς Οἰδίπους
ψαύσας ἀμαυραῖς χερσὶν ὧν παίδων λέγει·
ὦ παῖδε, τλάσας χρὴ τὸ γενναῖον φρενὶ   1640
χωρεῖν τόπων ἐκ τῶνδε, μηδ᾽ ἃ μὴ θέμις
λεύσσειν δικαιοῦν, μηδὲ φωνούντων κλύειν.
ἀλλ᾽ ἕρπεθ᾽ ὡς τάχιστα· πλὴν ὁ κύριος
Θησεὺς παρέστω μανθάνων τὰ δρώμενα.
τοσαῦτα φωνήσαντος εἰσηκούσαμεν   1645
ξύμπαντες· ἀστακτὶ δὲ σὺν ταῖς παρθένοις
στένοντες ὠμαρτοῦμεν. ὡς δ᾽ ἀπήλθομεν,
χρόνῳ βραχεῖ στραφέντες, ἐξαπείδομεν
τὸν ἄνδρα τὸν μὲν οὐδαμοῦ παρόντ᾽ ἔτι,
ἄνακτα δ᾽ αὐτὸν ὀμμάτων ἐπίσκιον   1650
χεῖρ᾽ ἀντέχοντα κρατός, ὡς δεινοῦ τινος
φόβου φανέντος οὐδ᾽ ἀνασχετοῦ βλέπειν.
ἔπειτα μέντοι βαιὸν οὐδὲ σὺν χρόνῳ
ὁρῶμεν αὐτὸν γῆν τε προσκυνοῦνθ᾽ ἅμα
καὶ τὸν θεῶν Ὄλυμπον ἐν ταὐτῷ λόγῳ.   1655
μόρῳ δ᾽ ὁποίῳ κεῖνος ὤλετ᾽ οὐδ᾽ ἂν εἷς
θνητῶν φράσειε πλὴν τὸ Θησέως κάρα.
οὐ γάρ τις αὐτὸν οὔτε πυρφόρος θεοῦ
κεραυνὸς ἐξέπραξεν οὔτε ποντία

1632 ὁρκίαν P. N. Papageorgius: ἀρχαίαν MSS.
1640 φρενὶ A: φέρειν L.

ΟΙΔΙΠΟΥΣ ΕΠΙ ΚΟΛΩΝΩΙ

θύελλα κινηθεῖσα τῷ τότ' ἐν χρόνῳ, 1660
ἀλλ' ἤ τις ἐκ θεῶν πομπός, ἢ τὸ νερτέρων
εὔνουν διαστὰν γῆς ἀλύπητον βάθρον·
ἀνὴρ γὰρ οὐ στενακτὸς οὐδὲ σὺν νόσοις
ἀλγεινὸς ἐξεπέμπετ', ἀλλ' εἴ τις βροτῶν
θαυμαστός. εἰ δὲ μὴ δοκῶ φρονῶν λέγειν, 1665
οὐκ ἂν παρείμην οἷσι μὴ δοκῶ φρονεῖν.
ΧΟ. ποῦ δ' αἵ τε παῖδες χοἰ προπέμψαντες φίλων;
ΑΓ. αἵδ' οὐχ ἑκάς· γόων γὰρ οὐκ ἀσήμονες
φθόγγοι σφε σημαίνουσι δεῦρ' ὁρμωμένας.

στρ. α΄. ΑΝ. αἰαῖ, φεῦ· ἔστιν ἔστι νῷν δὴ 1670
2 οὐ τὸ μέν, ἄλλο δὲ μή, πατρὸς ἔμφυτον
3 ἄλαστον αἷμα δυσμόροιν στενάζειν,
4 ᾧτινι τὸν πολὺν
5 ἄλλοτε μὲν πόνον ἔμπεδον εἴχομεν,
6 ἐν πυμάτῳ δ' ἀλόγιστα παροίσομεν 1675
7 ἰδόντε καὶ παθοῦσα.
ΧΟ. 8 τί δ' ἔστιν; ΑΝ. ἔστιν μὲν εἰκάσαι, φίλοι.
ΧΟ. 9 βέβηκεν; ΑΝ. ὡς μάλιστ' ἂν ἐν πόθῳ λάβοις.
10 τί γάρ, ὅτῳ μήτ' Ἄρης
11 μήτε πόντος ἀντέκυρσεν, 1680
12 ἄσκοποι δὲ πλάκες ἔμαρψαν
13 ἐν ἀφανεῖ τινι μόρῳ φερόμενον.
14 τάλαινα, νῷν δ' ὀλεθρία
15 νὺξ ἐπ' ὄμμασιν βέβακε. πῶς γὰρ ἤ τιν' ἀπίαν
16 γᾶν ἢ πόντιον κλύδων' ἀλώμεναι βίου 1686
17 δύσοιστον ἕξομεν τροφάν;

ΣΟΦΟΚΛΕΟΥΣ

ΙΣ. 18 οὐ κάτοιδα. κατά με φόνιος Ἀΐδας ἕλοι
19 πατρὶ ξυνθανεῖν γεραιῷ 1690
20 τάλαιναν· ὡς ἔμοιγ' ὁ μέλλων βίος οὐ βιωτός.

ΧΟ. 21 ὦ διδύμα τέκνων ἀρίστα, τὸ φέρον ἐκ θεοῦ
φέρειν,
22 μηδ' ἔτ' ἄγαν φλέγεσθον· οὔτοι κατάμεμπτ'
ἔβητον. 1695

ἀντ. α'. ΑΝ. πόθος τοι καὶ κακῶν ἄρ' ἦν τις. 1697
2 καὶ γὰρ ὃ μηδαμὰ δὴ φίλον ἦν φίλον,
3 ὁπότε γε καὶ τὸν ἐν χεροῖν κατεῖχον.
4 ὦ πάτερ, ὦ φίλος, ὦ τὸν ἀεὶ κατὰ 1700
5 γᾶς σκότον εἱμένος·
6 οὐδέ γ' ἔνερθ' ἀφίλητος ἐμοί ποτε
7 καὶ τᾷδε μὴ κυρήσῃς.
ΧΟ. 8 ἔπραξεν; ΑΝ. ἔπραξεν οἷον ἤθελεν.
ΧΟ. 9 τὸ ποῖον; ΑΝ. ἇς ἔχρῃζε γᾶς ἐπὶ ξένας 1705
10 ἔθανε· κοίταν δ' ἔχει
11 νέρθεν εὐσκίαστον αἰέν,
12 οὐδὲ πένθος ἔλιπ' ἄκλαυτον.
13 ἀνὰ γὰρ ὄμμα σε τόδ', ὦ πάτερ, ἐμὸν
14 στένει δακρῦον, οὐδ' ἔχω 1710
15 πῶς με χρὴ τὸ σὸν τάλαιναν ἀφανίσαι τοσόνδ'
ἄχος.
16 ὤμοι, γᾶς ἐπὶ ξένας θανεῖν ἔχρῃζες, ἀλλ'
17 ἔρημος ἔθανες ὧδέ μοι.

1688—1692 οὐ κάτοιδα...βιωτός. The MSS. give these vv. to Antigone:
Turnebus restored them to Ismene.   1694 τὸ φέρον ἐκ θεοῦ φέρειν
Wecklein: τὸ φέρον ἐκ θεοῦ καλῶς | φέρειν χρὴ MSS.   1695 μηδ' ἔτ'
ἄγαν Bellermann: μηδ' ἄγαν οὕτω MSS.   1697 τοι add. Hartung.
1698 ὁ μηδαμῆι δὴ τὸ φίλον φίλον L (A has δ instead of ὁ): corr. Brunck.
1702 οὐδέ γ' ἔνερθ' Wecklein: οὐδὲ γέρων MSS.   1709 ἀνὰ γὰρ
Hermann: ἀεὶ γὰρ MSS.   1713 ὤμοι Wecklein: ἰὼ μὴ MSS.

ΟΙΔΙΠΟΥΣ ΕΠΙ ΚΟΛΩΝΩΙ

ΙΣ. 18 ὦ τάλαινα, τίς ἄρα με πότμος αὖθις ὧδ᾽

⏑ | – ⏑ | – ∧ ‖   1715

19 – ⏑ | – ⏑ | – ⏑ | – ⏑ ‖

20 ἐπαμμένει σέ τ᾽, ὦ φίλα, τὰς πατρὸς ὧδ᾽ ἐρήμας;

ΧΟ. 21 ἀλλ᾽ ἐπεὶ ὀλβίως γ᾽ ἔλυσε τὸ τέλος, ὦ φίλαι, βίου,

22 λήγετε τοῦδ᾽ ἄχους· κακῶν γὰρ δυσάλωτος οὐδείς.

στρ. β΄. ΑΝ. πάλιν, φίλα, συθῶμεν. ΙΣ. ὡς τί ῥέξομεν;

ΑΝ. 2 ἵμερος ἔχει με. ΙΣ. τίς;   1725

ΑΝ. 3 τὰν χθόνιον ἑστίαν ἰδεῖν

ΙΣ. 4 τίνος; ΑΝ. πατρός, τάλαιν᾽ ἐγώ.

ΙΣ. 5 θέμις δὲ πῶς τάδ᾽ ἐστί; μῶν

6 οὐχ ὁρᾷς; ΑΝ. τί τόδ᾽ ἐπέπληξας;   1730

ΙΣ. 7 καὶ τόδ᾽, ὡς ΑΝ. τί τόδε μάλ᾽ αὖθις;

ΙΣ. 8 ἄταφος ἔπιτνε δίχα τε παντός.

ΑΝ. 9 ἄγε με, καὶ τότ᾽ ἐπενάριξον.

ΙΣ. 10 αἰαῖ· δυστάλαινα, ποῦ δῆτ᾽

11 αὖθις ὧδ᾽ ἔρημος ἄπορος   1735

12 αἰῶνα τλάμον᾽ ἕξω;

ἀντ. β΄. ΧΟ. φίλαι, τρέσητε μηδέν. ΑΝ. ἀλλὰ ποῖ φύγω;

ΧΟ. 2 καὶ πάρος ἀπέφυγε ΑΝ. τί;

ΧΟ. 3 τὰ σφῷν τὸ μὴ πίτνειν κακῶς.   1740

ΑΝ. 4 φρονῶ. ΧΟ. τί δῆθ᾽ ὅπερ νοεῖς;

ΑΝ. 5 ὅπως μολούμεθ᾽ ἐς δόμους

6 οὐκ ἔχω. ΧΟ. μηδέ γε μάτευε.

ΑΝ. 7 μόγος ἔχει. ΧΟ. καὶ πάρος ἐπεῖχε.

1715 After αὖθις ὧδ᾽ the MSS. add ἔρημος ἄπορος, prob. borrowed from
1735. To fill the lacuna J. H. H. Schmidt conj. ἀνόλβιος.   1717 ἐπ-
αμμένει Hermann: ἐπιμένει MSS.   1724 ῥέξομεν Α: ῥέξωμεν L, vulg.
1733 ἐνάριξον L, vulg. (ἐξενάριξον r) : corr. Elmsley.   1736 τλάμων
MSS.: corr. Hermann.   1739 f. καὶ πάρος ἀπεφεύγετον | σφῶιν τὸ μὴ
πίτνειν κακῶς L, vulg. (μὴ om. L²) : corr. Hermann.   1741 ὅπερ νοεῖς
Graser : ὑπερνοεῖς MSS.   1744 ἐπεῖχε Wunder: ἐπεί MSS.

ΑΝ. 8 τοτὲ μὲν ἄπορα, τοτὲ δ' ὕπερθεν.　　1745

ΧΟ. 9 μέγ' ἄρα πέλαγος ἐλάχετόν τι.

ΑΝ. 10 φεῦ, φεῦ· ποῖ μόλωμεν, ὦ Ζεῦ;

　　 11 ἐλπίδων γὰρ ἐς τίν' ἔτι με

　　 12 δαίμων τανῦν γ' ἐλαύνει;　　1750

σύστ. ΘΗ. παύετε θρῆνον, παῖδες· ἐν οἷς γὰρ
　　χάρις ἡ χθονία ξύν' ἀπόκειται,
　　πενθεῖν οὐ χρή· νέμεσις γάρ.

ΑΝ. ὦ τέκνον Αἰγέως, προσπίτνομέν σοι.

ΘΗ. τίνος, ὦ παῖδες, χρείας ἀνύσαι;　　1755

ΑΝ. τύμβον θέλομεν προσιδεῖν αὐταὶ
　　πατρὸς ἡμετέρου.

ΘΗ. ἀλλ' οὐ θεμιτόν.

ΑΝ. πῶς εἶπας, ἄναξ, κοίραν' Ἀθηνῶν;

ΘΗ. ὦ παῖδες, ἀπεῖπεν ἐμοὶ κεῖνος　　1760
　　μήτε πελάζειν ἐς τούσδε τόπους
　　μήτ' ἐπιφωνεῖν μηδένα θνητῶν
　　θήκην ἱεράν, ἣν κεῖνος ἔχει.
　　καὶ ταῦτά μ' ἔφη πράσσοντα καλῶς
　　χώραν ἕξειν αἰὲν ἄλυπον.　　1765
　　ταῦτ' οὖν ἔκλυεν δαίμων ἡμῶν
　　χὠ πάντ' ἀΐων Διὸς Ὅρκος.

ΑΝ. ἀλλ' εἰ τάδ' ἔχει κατὰ νοῦν κείνῳ,
　　ταῦτ' ἂν ἀπαρκοῖ· Θήβας δ' ἡμᾶς
　　τὰς ὠγυγίους πέμψον, ἐάν πως　　1770
　　διακωλύσωμεν ἰόντα φόνον
　　τοῖσιν ὁμαίμοις.

1745 ἄπορα Wunder: πέρα MSS.　　1747 Between ἐλάχετόν τι and φεῦ, φεῦ, the MSS. insert, ΑΝ. ναὶ ναί. ΧΟ. ξύμφημι καὐτός: del. Dindorf. 1749 ἐς τίν' ἔτι με Hermann: ἐς τί με MSS.　　1752 ξυν ἀπόκειται L: ξυναπόκειται A, vulg. (συναπόκειται r): corr. Reisig.　　1754 προσπίτνομεν r: προσπίπτομεν L, vulg.　　1758 After θεμιτόν the MSS. add κεῖσε μολεῖν: del. Bothe.

ΘΗ. δράσω καὶ τάδε, καὶ πάνθ' ὁπόσ' ἂν
μέλλω πράσσειν πρόσφορά θ' ὑμῖν
καὶ τῷ κατὰ γῆς, ὃς νέον ἔρρει,   1775
πρὸς χάριν, οὐ δεῖ μ' ἀποκάμνειν.
ΧΟ. ἀλλ' ἀποπαύετε μηδ' ἐπὶ πλείω
θρῆνον ἐγείρετε·
πάντως γὰρ ἔχει τάδε κῦρος.

1773 ὁπόσ' ἂν Porson: ὅσ' ἂν L, vulg.: ὅσα ἂν A.
1776 οὐ δεῖ Hermann: οὐ γὰρ δεῖ MSS.

Sophocles' Oedipus at Colonus

SELECTED BIBLIOGRAPHY

Burian, P., "Suppliant and Saviour: Oedipus at Colonus," *Phoenix* 28 (1974) pp. 408-29.

Easterling, P.E., "Oedipus and Polynices," *Proceedings of the Cambridge Philological Society* 13 (1967) pp. 1-13.

Kirkwood, G., "From Melos to Colonus: ΤΙΝΑΣ ΧΩΡΟΥΣ ΑΦΙΓΜΕΘ᾽ . . . ;" *TAPA* 116 (1986) pp. 99-117.

Knox, B.M.W., *The Heroic Temper: Studies in Sophoclean Tragedy*. Berkeley and Los Angeles, 1966.

Lacey, W.K., *The Family in Classical Greece*. London, 1968.

Linforth, I.M., *Religion and Drama in "Oedipus at Colonus."* University of California Publications in Classical Philology 14. Berkeley, 1951.

Moore, J.A., *Sophocles and Aretê*. Cambridge, Mass., 1938.

Reinhardt, K., *Sophocles*, tr. H. Harvey and D. Harvey. New York, 1979.

Scodel, R., *Sophocles*. Boston, 1984.

Segal, C., *Tragedy and Civilization: An Interpretation of Sophocles*. Cambridge, Mass., 1981.

Winnington-Ingram, R.P., *Sophocles: an interpretation*. Cambridge, 1980.

Commentary

Abbreviations:

GP   J. D. Denniston, *The Greek Particles* (Oxford 1954²)

J   R. C. Jebb, *Sophocles, Part II, The Oedipus Coloneus* (Cambridge 1900)

K   J. C. Kamerbeek, *The Plays of Sophocles, Part VII, the Oedipus Coloneus* (Leiden 1984)

S   H. W. Smyth, *Greek Grammar*, rev. by G. M. Messing (Cambridge, Mass. 1956)

Campbell   Lewis Campbell, *Sophocles* (Oxford 1879²)

Dawe   R. D. Dawe, *Sophocles, Tragoediae*, II (Leipzig 1979, Teubner text)

<   "is from."

Prologos. The setting is a spot in front of the sacred grove of the Eumenides (Erinyes, Furies) in Colonus, an Attic deme close to Athens. Enter Oedipus and Antigone.

2.   χώρους: The pl. often nearly = the sing. in poetry; here it may be slightly vaguer—"region" rather than "spot." In poetry a bare acc. often signifies place to which.
    ἀφίγμεθ(α) < ἀφικνέομαι.

3.   πλανήτην: "wanderer/exile."

3f.   καθ' ἡμέραν τὴν νῦν: "on the now-day/today." καθ' = κατά.

4.   σπανιστοῖς: "meagre."

5.   τοῦ σμικροῦ: The article is often omitted in poetry, so that when it does appear it may have demonst. force ("this/that").

6.   μεῖον < μείων, "less"
    φέροντα: "winning/getting."
    καί: "and (yet)" (GP 292).

7.   στέργειν: "to be satisfied," with διδάσκει.
    χὠ: crasis for καὶ ὁ.
    ξυνών: "which has been with (me)," i.e., "my companion." ξύν is Old Attic for σύν and is common in tragedy.

1

2   *Gilbert P. Rose*

8. **διδάσκει**: agrees with nearest subject. Words of learning and knowing figure importantly in *OC*.
    τὸ γενναῖον: "my nobility," of character more than birth in Soph.

9. **ἀλλ(ά)**: often directs the listener's attention to a command, "but come" (GP 14)
    θάκησιν: "seat/a place to sit."
    εἰ: Conjunctions are often postponed in poetry.

10. **πρὸς βεβήλοις**: "in profane places/on profane ground."

11. **κἀξίδρυσον**: καί + aor. imper. of ἐξιδρύω, here "seat."
    ὡς = ἵνα.

12. **ὅπου ποτ'**: "where on earth."
    μανθάνειν: "so as to learn" (natural result not purpose); thus, "we have come to (be in a position of) learning." ἥκομεν also governs τελεῖν.

13. **ἄν** = ἃ ἄν.

15. **πόλιν**: "*the* city," Athens (24).
    στέγουσιν: apparently "protect" (rare); Dawe accepts the conjecture στέφουσιν ("wreathe").
    ὡς: restrictive, "at least (to judge)" (S 2993).
    πρόσω: "(are) far off," about a mile, in fact.

16. **χῶρος δ' ὅδ' ἱρός**: the Eumenides' grove. The article is often omitted with a demonst. adj. in poetry. ἱρός (= ἱερός) is the predicate.
    ὡς σάφ' εἰκάσαι: "to guess with assurance," an absolute (i.e., parenthetical) infin., often with ὡς. σάφα is adv.
    βρύων: "teeming (with)," + gen.

17. **πυκνόπτεροι**: "densely feathered," but perhaps of the flock, not each bird, i.e., "numerous (and) feathered."

18. **κατ' αὐτόν**: "throughout it."
    εὐστομοῦσ(ι): "make a lovely sound."
    ἀηδόνες < ἡ ἀηδών, "nightingale," often a bird of mourning; always so in Soph.'s other plays.

19. **οὗ**: "where," i.e., "here." A backward-looking relative word may introduce an entire sentence.
    ἀξέστου: "unhewn"; the grove is uncultivated.

20. **ὡς γέροντι**: "at least for an old man," with μακράν.
    προὔστάλης: "you have travelled," aor. pass. of προστέλλω ("send forth"). προ- never elides but it may undergo contraction.

21ff. A series of one-verse utterances is called "stichomythia."

21. νυν: "(well) then/(well) now," a enclitic form of νῦν, signifying an inference, not time.

22. χρόνου μὲν οὕνεκ(α): "as far as *time* is concerned," i.e., "if time can teach" (J). μέν has no balancing δέ; it limits and emphasizes.

23. ἔχεις: ἔχω + infin. = "be able to."
ὅποι καθέσταμεν: not ὅπου because the verb (perf. of καθίστημι) implies prior motion towards, "(to) where we (have come and) are located."

24. οὔ: always accented at end of clause.

25. γάρ: "(that's) because," explaining ᾿Αθήνας οἶδα.
ηὔδα: imperf. of αὐδάω.
ἡμίν: metrically useful (-υ) Sophoclean equivalent for ἡμῖν.

26. ἢ μάθω μολοῦσά ποι: "shall I go (to) somewhere and find out?" ἢ is an untranslatable interr. particle. μάθω is deliberative subjunctive. μολοῦσα is aor. pple. of βλώσκω.

27. ἐξοικήσιμος: "habitable," here "inhabited," referring not to the sacred grove, but to the surrounding area.

Enter Stranger, a resident of Colonus.

28. ἀλλ᾿... μήν: "yes indeed" (GP 343).

28f. δεῖν οὐδέν: Supply μολεῖν ποι.

29. τόνδε: i.e., "here," as often.
νῷν: gen./dat. of νώ, "we two." Either gen. with πέλας or (as favored by word-order) dat. of interest (see on 81).

30. κἀξεορμώμενον: "and starting out."

31. καὶ... παρόντα: "no (corrective μὲν οὖν), actually (καὶ δή) by our side."
χὤ τι = καὶ ὅ τι.

32. ἔννεφ᾿ = ἔννεπε, imper. of ἐν(ν)έπω, "tell/say."
ὡς ἀνὴρ ὅδε: "since the man (is) here." ἀνήρ = ὁ ἀνήρ.

33. ξεῖν᾿: Ionic for ξένε.
ἀκούων: "since I hear," + gen. of source. Oed. is interrupted before reaching a main verb.

34. θ᾿ = τε. τι never elides.
οὕνεχ᾿ = οὕνεκα, here "that."

35. σκοπός: "as a scout."

ὧν ἀδηλοῦμεν φράσαι: probably "so as to tell us the things of which we are uncertain" (K).

36. τὰ πλείον' ἱστορεῖν: "inquire the more (inquiries)," i.e., "go on with the rest of your inquiry." τὰ πλείονα is an internal acc., (S 1563-73).

37. ἔχεις: "you are occupying."
ἁγνόν: here "religiously permissible."

38. τοῦ = τίνος.

39. οἰκητός: not "inhabited" (as in 28), but "able (i.e., allowed) to be inhabited." Adj.'s in -τός regularly allow both kinds of meaning.

40. σφ(ε): acc., "it" (Ionic); the pron. can be used of any gender or number.

41. τίνων... κλύων: "Hearing the august name of *whom* might I pray (to them)?" "Who are they to whom..." σεμνόν may evoke one of their Athenian titles, Σεμναὶ (Θεαί).

42. ὅ γ' ἐνθάδ': modifies λεώς (Attic for λαός, declined S 238).

43. εἴποι: "call."
νιν: "them" (Doric); usually sing.
ἄλλα δ' ἀλλαχοῦ: probably "but elsewhere other (names are thought)..."

44. ἀλλ': "well," as often with a wish (GP 15).
ἵλεφ: "gracious(ly)," nom. pl. of ἵλεως (= ἵλαος). A predicate adj. is often better translated as an adv.
δεξαίατο: Ionic for δέξαιντο.

45. ἕδρας: gen.; governs γῆς τῆσδ' (within).
ἂν ἐξέλθοιμ': virtually a fut. indic., expressing determination (S 1824, 1826a). Verses 41-45 illustrate the range of nuances of the potential opt.

46. ξυμφορᾶς ξύνθημ' ἐμῆς: "the (previously determined) password/sign." Apollo's oracle foretold that he would die here (86-91).

47. οὐδ' ἐμοί: dat. of possession with ἐστὶ θάρσος, "nor do *I* have ..." A striking change from the stranger's initial attitude.
τοὐξανιστάναι = τὸ ἐξανιστάναι, "to make (you) stand up and (drive you) out."

47f. πόλεως δίχ(α): "without (the approval of) the city."

50. ὧν: with ἀτιμάσῃς, "dishonor me of...," i.e., "regard me as

unworthy of the honor of (learning) the things that."

51. **φανεῖ:** J's regular spelling of the 2nd sing. mid. ending (here fut.).

53. **κἀγώ:** "I too," idiomatic Greek instead of (or in addition to) "you too" in the main clause (GP 295).

54. **μέν:** contrasts χῶρος πᾶς with ὃν δ'... τόπον, 56.

55. **ἐν:** adv., "(is) within (the area)."
     πυρφόρος: He stole some fire from the gods and gave it to humans.

56. **Τιτάν:** The Titans were gods who preceded the Olympians.
     ὃν...τόπον = ὁ τόπος ὄν, "the place that (you are stepping on)"; incorporation of antecedent (S 2536).

57. **χαλκόπους ὁδός:** "the threshold of bronze feet (i.e., steps)." ὁδός = οὐδός. At 1590-91 a bronze threshold, thought to lead to the underworld, is the spot *off-stage* where Oed. will disappear. J concludes that the entire τόπος also was named after that spot.

58. **ἔρεισμ(α):** "prop/source of protection."
     γύαι: "parcels of land/area" (< γύης), here connoting the residents.

59. **τόνδ':** "here," pointing to a statue either on-stage (J) or off (K).
     Κολωνόν: the deme's cult hero, called ἱππότης presumably because of a link to Poseidon, god of horses (cf. 707-15).
     εὔχονται: "(proudly) claim" (a sense common in Homer).
     σφίσιν = αὐτοῖς; dat of σφεῖς.

60. **ἀρχηγόν:** "founder."

61. **κοινόν:** "in common," predicate adj.
     ὠνομασμένοι: "being (permanently) so-named" (i.e., Κολωνεῖς).

62. **σοι:** ethical dat., "for you (to know)," i.e., "you see" (S 1486).
     ταῦτ': apparently "these places"; so τάδε, 67.
     λόγοις: "accounts/stories."

63. **τῇ ξυνουσίᾳ πλέον:** "by our (very) commingling (with them), instead."

64. **ἦ γάρ:** often asks for confirmation, "is it true, then, that..." (S 2805b).

65. **θεοῦ:** here, "cult hero."
     γ': Here emphasizes a detail added to an assent (GP 136). In general, γε adds mild emphasis, often but not always in a limiting

sense.

66. **'πὶ τῷ πλήθει λόγος:** "does discussion rest on (fall to) the people?" ἐπί has undergone aphaeresis (inverse elision).

67. **ἐκ:** "by." Any prep. that can mean "from" can be used roughly like ὑπό with a passive.
βασιλέως: In fifth-century Athenian legend, Theseus was regarded as both an ideal king and a hero of the democracy.

68. **οὗτος... τίς:** "he being who," "who is this man who... "

70. **αὐτῷ:** The dat. meaning "to" with verbs of motion is chiefly poetic. In prose a prep. + acc. would be normal.

71. **ὡς... μολεῖν:** "In order to speak (to him) or arrange his coming for what purpose, in your mind (ὡς)?" (J).

72. **προσαρκῶν σμικρά:** "by doing small acts of assistance" (internal acc.). Subject is Theseus.

73. **καί:** in skeptical question (GP 310), like Eng. "and."
μή: not οὐ because βλέποντος is conditional ("if he") or generic ("anyone who").

74. **πάνθ':** with ὅσα (hence redundant) by normal idion, but possibly obj. of ὁρῶντα (cf. πάνθ' ὁρώσας, 42).
ὁρῶντα: "(as) words that *see*."

75. **οἶσθ'... ὡς... μή:** "do you know how you must not," i.e., "here's how not to" (S 1842a).
σφαλῇς: aor. pass. of σφάλλω.

76. **ὡς ἰδόντι:** "at least for one who has looked," i.e., "to judge from appearances."
τοῦ δαίμονος: "your (mis)fortune," from the notion of δαίμων as a private deity guiding one's fortunes.

77. **αὐτοῦ:** adv., "here/on the spot." Cf. 78, where it emphasizes ἐνθάδε.
κἀφάνης = καὶ ἐφάνης, aor. pass.

78. **δημόταις:** those of Colonus, not of Athens (ἄστυ). Afterwards, he will summon Theseus.

Exit Stranger.

81. **ἡμίν:** Soph. often uses a 1st-person dat. pron. (probably dat. of interest) of one affected by the arrival, presence, or (rarely, as here) departure of another character. It is best left untranslated.

82. **πᾶν:** obj. of φωνεῖν.

83. **ὡς:** "in the assurance that." Supply οὔσης with the gen. abs.

84. **ἕδρας**: gen. with ἐφ' in 85, despite order.

85. **ἔκαμψ'**: Supply γόνυ ("my knee") or κῶλα, as in 19.

86. **ἀφνώμονες**: "unsympathetic."

87. **πόλλ'**: The accent of a *declined* oxytone shifts, instead of dropping, in elision.
    ὅτ(ε): ὅτι (like τι itself) never elides.
    ἐξέχρη: "he was proclaiming," < ἐκχράω ("give an oracle"). This is evidently the oracle of Oed.'s youth predicting the parricide and incest (cf. OT 787-93), but Oed. is giving details not mentioned in the earlier play.

88. **ταύτην ἔλεξε παῦλαν**: "spoke of this as a respite." ταύτην = τοῦτο, but is assimilated to παῦλαν (S 1239); it looks ahead to 89-93.

89. **τερμίαν**: "final."

90. **λάβοιμι**: "find," opt. for subjunc. (+ ἄν) in a subordinate clause within indir. statement after ἔλεξε, 88.
    ξενόσταοιν: "stopping-place (shelter) for strangers."

91. **κάμψειν**: "run the last lap of/finish"; an image drawn from an out-and-back chariot race—lit. "turn (around the half-way post)."

92. **κέρδη**: "with (lit. "as") advantages." Acc. probably in apposition to κάμψειν (S 991b).
    οἰκήσαντα: modifies με, the implied subject of κάμψειν, despite earlier dat., ἐλθόντι. For Oed., the wanderer in exile, death in Colonus will be a kind of homecoming.

93. **ἄτην**: "disaster," as often in tragedy.
    ἀπήλασαν < ἀπελαύνω.

94. **παρηγγύα**: "promised" (K), < παρεγγυάω.

96. **τήνδε τὴν ὁδόν**: "on this journey," a sort of internal acc. with ἐξήγαγ'.

97. **οὐκ ἔσθ' ὅπως οὐ**: "there is no way in which not," i.e., "certainly."
    πτερόν: apparently "omen" here.

98. **γάρ**: "for (otherwise)."

99. **πρώταισιν**: Ionic for πρώταις. So too -οισι for -οις.
    ἀντέκυρσ(α) < ἀντικύρω, "encounter," + dat.

100. **νήφων ἀοίνοις**: "I who stay sober, you who are without wine." Their libations were a mixture of water, honey, and milk;

most deities also received wine. Whatever the point of νήφων—commentators differ widely here—Oed.'s resemblance to the Furies is part of his characterization as an agent of stern retribution.

ἐζόμην: Supply οὐκ ἄν. ἔζομαι never takes augment.

101. ἀσκέπαρνον: "unhewn" (cf. 19).

102. κατ' ὀμφάς: "in accordance with the voice," in Homer only of a god's voice. In Soph. it occurs only here and at 550 and 1351, both times of Oed., where it may, accordingly, have an august tone.

103. πέρασιν. . . καταστροφήν: "a traversing to the end. . . a turning to the end."

104. μειόνως: compar. adv. (= μεῖον) used absolutely, "(to be) too insignificant/beneath such grace" (J).

106. ἴτ(ε): "come (and). . . "; not a true summons, but, like the sing. ἴθι, introductory to the chief imper., οἰκτίρατ', 109.

108. πασῶν: Supply πόλεων.

110. εἴδωλον: here "(mere) shadow," contrasting with ἀνδρός.

112. χρόνῳ: probably "in age," dat. of respect.
    ἕδρας: not "seat" here, but "(act of) sitting."
    ἐπίσκοποι: here "investigators" (usually "overseers").

113. μ(ε). . . πόδα: i.e., "my foot," acc.'s of whole and part (S 985).

115. ἐροῦσιν: "will say."

116. ηὐλάβεια = ἡ εὐλάβεια, "the caution" (+ gen., "of/in").
    Parodos, the entrance of the Chorus, here in the form of a dialogue with Oed. in lyric meters. The meter is mainly aeolic (also called choriambic). Choral songs have strophic responsion: strophe (= stanza) *a* corresponds metrically line-by-line to antistrophe *a*, etc. They also are marked by certain phonetic features of Doric, especially long-alpha for Attic eta. In strophe *a*, πλανάτας = πλανήτης, προσέβα = προσέβη, τᾶς = τῆς, and εὐφάμου = εὐφήμου.

117. ναίει: here "is" (usually "dwells in").

119. ἐκτόπιος συθείς: "to have run away from the place," aor. pass. of σεύω ("set in motion"). Like τυγχάνω, κυρέω takes a supplem. pple.

120. ἀκορέστατος: "most immoderate," because he has trespassed

in the grove.

122. **προσπεύθου:** "inquire assiduously" (J).
     πανταχῇ: "in every direction."

126. **ἀστιβές:** "that must not be stepped in."
     ἐς = **εἰς**, governing ἀστιβὲς ἄλσος.

127. **ἀμαιμακετᾶν:** perhaps "invincible." -ᾶν is Doric for -ῶν.

128. **λέγειν:** here "call by name."

130. **παραμειβόμεσθ(α):** "we pass by"; -μεσθα = μεθα.

131ff. **ἀλόγως. . . ἱέντες:** probably "speechlessly sending the voice of our (religiously) silent thought," i.e., "keeping our anxious thoughts (probably prayers) silent."

133. **τὰ δὲ νῦν** = νῦν δέ.

134. **λόγος:** "(there is) a report."
     οὐδὲν ἄζονθ': "who has no reverence (for them)." ἄζονθ', if correct, is the only instance of ἄζομαι in the active.

135. **ὅν:** obj. of γνῶναι (not λεύσσων), but in sense mainly the subject of ναίει (prolepsis or anticipation, S 2182).
     ἐγώ: The Chorus usually refers to itself in the sing., not merely when the Coryphaeus (leader) speaks alone, as he does mainly in dialogue portions.
     πᾶν: modifies τέμενος.

136. **μοι:** See on 81.

138. **ὅδ' ἐκεῖνος ἐγώ:** "I here (am) that one (whom you were speaking of)." Here begins a system (σύστημα) of anapests (∪∪-), dividing strophe from antistrophe, an unusual procedure. Spondees (--) and dactyls (-∪∪) may substitute for the basic anapest.

139. **τὸ φατιζόμενον:** "(as) the saying (goes)," acc. in apposition to the prior clause. There is no external evidence for the saying.

142. **ἄνομον:** "(as) a lawbreaker."

143. **ἀλεξῆτορ:** "averter (of evils)."

144. **οὐ πάνυ:** inherently ambiguous—"not entirely" (ironic understatement, J) or "not at all" (K).

144f. **μοίρας εὐδαιμονίσαι πρώτης:** "of the highest (best) fate, so as to call (i.e., be called) happy."

146. **δηλῶ:** i.e., "it is obvious (that I am such)."

147. **εἷρπον:** imperf. of ἕρπω, "come/go," a common poetic verb.

10   *Gilbert P. Rose*

148. κἀπὶ σμικροῖς... ὥρμουν: "and be moored at so slight an anchor," referring to Ant.; ὥρμουν < ὁρμέω.

150. καὶ ἦσθα φυτάλμιος: "were you also *born* with," + gen.

152. ὅσ᾿ ἐπεικάσαι: "as far as guessing," i.e., "to make a guess."

153. μάν = μήν; with ἀλλ᾿, "nevertheless."

153f. ἀλλ᾿. . . ἀράς: "in my power at least (i.e., if I can help it), you will not put upon yourself these curses (from continuing to trespass)." So J, but the mss. have the act. προσθήσεις, presumably "you will not put on me these curses (from my condoning your trespass)." For this, ἐμοί without ἐν would be normal, but see S 1659a (pregnant construction). προσθήσεις should probably be retained.

155. περᾷς: "you are going too far (into the grove); or fig., "you are transgressing," or both (K).

156. ἵνα: depends on μετάσταθ᾿, 163.

157f. ἀφθέγκτῳ. . . νάπει ποιάεντι: "grassy (< ποιήεις) grove (< νάπος) where one must not speak."
προπέσῃς: "rush forward/stumble into."

158ff. Probably "where (οὗ) the bowl of water (i.e., water from a bowl) runs together with a stream of drinks sweetened" (perhaps with honey)," i.e., in libation.

161. τό: "this/the following," obj. of the imper. φύλαξαι.

163. μετάσταθ᾿ = μετάστηθι, 2nd aor. imper., "change your position/move away."
πολλά = πολλή (i.e., μεγάλη).

164. ἐρατύει: "separates (you from us)."

167. πρὸς ἐμάν λέσχαν: "to my discussion," i.e., "for discussion with me."

168. ἵνα: "where," the usual sense with indic. (ἐστι); depends on φώνει.
νόμος: "(it is) law(ful)."

169. ἀπερύκου: here "refrain."

170. ποῖ τις φροντίδος ἔλθῃ: "to where of thought is one to go?"; i.e., "what am I to think?" The delib. subjunc. is rare in 3rd person, unless it alludes to the 1st person (S 1805c).

171 ἴσα: i.e., "the same things (as)."

173. πρόσθιγε < προσθιγγάνω.
κα δή: "I am."
174. μή. . . ἀδικηθῶ: "let me not. . . ," prohibitive subjunc.
176. οὐ. . . μήποτε: οὐ μή + fut. (or subjunc.) = a strong fut.
denial (or prohibition).
178. ἔτ' οὖν: "still (farther), then?" A lack of metrical
correspondence with the antistrophe indicates the loss below of
several verses.
182. ἔπεο: Lack of vowel contraction in tragedy occurs mainly in
lyrics.
ὧδ': "here/this way."
ἀμαυρῷ: "blind" (lit. "dim").
183. ᾇ = ᾗ, "in the direction that."
184. τόλμα: "bring yourself to" (< τολμάω), + two infin.'s.
ξένης: Supply γῆς, a common omission.
186. τέτροφεν: "holds (permanently in its mind as). . . "
(< τρέφω).
189. ἵν': "(to) where." ἄν goes with the opt.'s.
ἐπιβαίνοντες: "stepping on," i.e., "entering into," but also
literally suggesting "entering lawful ground" (J).
192. αὐτοπέτρου: "of natural rock."
194. ὡς ἀκούεις: "as you hear (me)," i.e., "as I said."
195. ἐσθῶ: aor. pass. subjunc. of ἕζομαι.
195f. λέχριος. . . ὀκλάσας: "yes (γε in an answer, GP 130),
(going) to the side (λέχριος), crouching low (βραχύς) on the edge
of the rock." λᾶος is gen. of λᾶας.
197. ἐμὸν τόδ': "this (task is) mine."
197ff. ἐν. . . ἅρμοσαι: "join step in (i.e., to) quiet step," i.e., first
one foot, then the other, slowly (J).
201. φιλίαν ἐμάν: Both modify χέρα (= χεῖρα).
202. δύσφρονος: "ill-minded," i.e., probably "cruel" (Campbell);
with ἄτας, a causal gen. of exclamation, giving the reason for
uttering ὤμοι (S 1407).
203. ὅτε νῦν χαλᾷς: "since you are now at ease." Oed. has sat
down.
204. ἔφυς: "are you," the normal translation of this aor.

205. ἄγει: 2nd sing. pass.

208. ἀπόπτολις = ἄπολις. From 208 to 253 there is no strophic responsion.

210. ἀνέρῃ: aor. subjunc. of ἀνέρομαι, "ask."

212. φύσις: here "birth/origin."

213. γεγώνω: subjunc. of γέγωνα (or γεγώνω), "speak out/say (loudly)."

217. ἐπ' ἔσχατα: "to the limits," i.e., apparently "there is no way out" (K).

218. ἀλλ': indicates ready consent to a command (GP 17), "I will."

219. μακρὰ μέλλετον: "you two have been delaying for a long time."

220. τιν': ἀπόγονον (which is in the mss.), "offspring," could be understood, but Oed. is probably being purposely vague.

221. Λαβδακιδᾶν: "of the Labdacids," descendants of Labdacus, father of Laius. For -ᾶν, see on 127.

222. Οἰδιπόδαν: from the less common nom., Οἰδιπόδης. γάρ: "what!" (GP 77).

226. ἔξω πόρσω: Their horror, which vindicates Oed.'s fear of naming himself, is suggested by the near-synonymity of these words, their heavy rhythm, and perhaps the hissing, rhyming endings.

227. ποῖ καταθήσεις: "(to) where will you (bring and) pay" (as of a debt), i.e., "how will you make good on."

229. ὧν = τούτων ἅ, "for the things which." ἄν is sometimes omitted with a subjunc. in poetry.
τὸ τίνειν: probably "with respect to requiting" (J), i.e., "if he requites (them)." They claim that they will not be punished, if they punish Oed.

231. παραβαλλομένα: either "matching itself against" (mid., J) or "set against" (pass., LSJ), + dat. One ἀπάτη deserves another.
πόνον, οὐ χάριν: Oed. will receive πόνος in return for πόνος, not gratitude or a favor (since he has done them no favor).
ἔχειν: "(for him) to have," epexegetic infin., a loosely attached, explanatory infin. of result.

234. ἄφορμος: "setting out from" (cf. ὁρμάω).

235. ἔκθορε: aor. of ἐκθρῴσκω, "leap (rush) out."
τι πέρα χρέος: "any further debt (i.e., liability)."

237. **αἰδόφρονες:** "whose minds have αἰδώς," the reverential respect that forestalls a misdeed, here a violation of the code of hospitality for a suppliant.

238. **ἀλλ':** Do not translate. It introduces the imper., οἰκτίραθ', 242; displaced from beginning of sentence by the voc. (GP 22-23).
 ἀλαόν: The square brackets mean that the word is not in the manuscripts.

239. **ἀνέτλατ(ε)** < 2nd aor. ἀνέτλην, "endured/put up with."

240. **ἀκόντων:** "(done) unwitting(ly)."

241. **ἀλλ':** "at least," adverbial after subordinate clause.

242. **ἅ = ἥ.**

243. **μόνου:** evidently "alone (and not also for myself)" (so K).

244. **προσορωμένα:** ὁράω is often mid. in poetry.

245f. **ὥς τις. . . προφανεῖσα:** "as if I were someone brought forth. . . , " i.e., a relative.

246. **τὸν ἄθλιον:** Oed., subject of κῦρσαι.

247. **ἐν ὕμμι:** Aeolic for ὑμῖν; "in your power."

248. **νεύσατε:** "nod your head 'yes,'" i.e., "grant."

250. **πρός. . . ὅτι:** "in the name of whatever (is)." σ(ε) is the obj. of ἄντομαι, not πρός, which, however, it commonly follows in appeals.
 ἐκ σέθεν: "sprung from you," applies properly to τέκνον alone.

251. **λέχος ἤ χρέος:** "marriage-bed or property," but the mss. all have λόγος, not λέχος, and this sense of χρέος seems unparalleled (unlike χρῆμα).

252. **ἀθρῶν** < ἀθρέω, "look (intently)."
 First epeisodion. The term refers to any non-lyric dialogue-scene after the parodos. Iambic trimeter.

254. **ἐξ ἴσου:** "equally."

255. **χάριν:** "because of," often "for the sake of"; regularly follows its gen. obj.

257. **εἰρημένων:** perf. pass. connected with ἐρῶ.

258. **κληδόνος:** "report," i.e., "fame."

259. **ῥεούσης:** i.e., probably "which spreads far and wide," rather than "when it flows away" (J and K).

14   *Gilbert P. Rose*

262. **οἵας τε:** "is able" (supply εἶναι).

263. **κἄμοιγε:** "(and) yet for *me*."

      οἵτινες: "you who," but ὅστις with a definite antecedent often has causal force, "since you" (S 2555).

264. **ἐξάραντες** < ἐξαίρω (< ἀείρω).

      εἶτ(α): "then (next)," but often with the added force "yet," implying an incongruity, usually with a prior pple.; cf. 277.

265. **δείσαντες:** This aor. is usually ingressive (indicating the onset of a state), "struck with fear."

267. **πεπονθότ'. . . δεδρακότα:** "things acted upon (< πάσχω) . . . things that have acted," poetic for "things that I suffered. . . things that I did." Three times Oed. argues for his legal and moral innocence in his past acts (cf. 521 ff., 960 ff.). He does not, however, nor can he, deny that they involved μίασμα ("pollution"). None of this is inconsistent with *OT*, although the emphasis on his innocence is new.

268. **τά:** "the things (matters) involving."

      χρείη: opt. of χρή.

269f. **ἐκφοβεῖ, ἔξοιδα:** The prefixes are intensive, "totally/ thoroughly."

271. **παθὼν μὲν ἀντέδρων:** refers to his act of self-defense against Laius at the crossroads.

273. **νῦν δ':** "but in reality."

274. **ὑφ'. . . ἀπωλλύμην:** "but (as for those) at whose hands. . ., at their knowing hands (i.e., *they* knew who *I* was) I was to die" (a sort of conative imperf., S 1895a). This refers, presumably, to his exposure as a baby. Supply ὑπό with εἰδότων.

275. **ἀνθ' ὧν:** here "because of which," i.e., "therefore."

277. **μή:** with ποεῖσθε, "do not consider."

      τούς: "those (very)"; see on 5.

278. **μοίραις:** perhaps "in esteem," but the dat. seems ungrammatical. Dawe has μώρους ("stupid") with some mss.

280. **του:** modifies φωτός.

281. **μήπω:** not οὔπω because the main verb is imper. (S 2737a).

      φωτός < φώς, "person."

282. **ξὺν οἷς:** "with their (i.e., the gods') help."

      κάλυπτε: "obscure/darken."

283. **ὑπηρετῶν:** pple.

284. ἐχέγγυον: "having (i.e., with) your pledge."

287. ἱερός: not often used of people (only here in Soph.), "dedicated to/protected by gods," nearly "taboo."

289. τις: "whoever he is" (S 1267).

290-91. τὰ δὲ μεταξὺ τούτου: "but between (now and) that (moment)."

292. τἀνθυμήματα = τὰ ἐνθυμήματα, "the considerations/ arguments."

293. 'στ' = ἐστι.

294. βραχέσι: here "small/insignificant."

295. ἄνακτας = Theseus (allusive pl., S 1007).

298. στελῶν: fut. pple.

299. ἐντροπήν: "regard."

300. αὐτόν: "in person."

302. κείνῳ = ἐκείνῳ.
τοὖπος = τὸ ἔπος.

303. δ': probably "but" (K), not "and" (J).

304. φιλεῖ: "tend (to)," with things as subjects.
τῶν: neut.; a thing heard can be acc. or gen. The article is sometimes used as a rel. pron. in poetry.

305. πολύ: predicate adj., "great(ly)," i.e., "loud(ly)" (cf. μέγα), or perhaps "far and wide."

306f. βραδὺς εὕδει: "is slow(ly) enjoying leisure" (εὕδω usually = "sleep").

307. κλύων σοῦ: "when he hears about you" (S 1365).

308. ἀλλ': "well" (see on 44).

310. ποῖ φρενῶν ἔλθω: See on 170.

312. Αἰτναίας: "Sicilian," a breed.

313. βεβῶσαν: 2nd perf. of βαίνω.

313f. κρατὶ. . . Θεσσαλίς: "on her head (< κράς) a Thessalian cap that takes the sun away," i.e., it gives shade.

314. πρόσωπα: "face," whole and part with νιν, or acc. of respect; pl. for sing.

316. πλανᾷ: "cause to wander," i.e., "mislead (me)."

317. ἔχω: i.e., "know," as often when a question follows.

16   Gilbert P. Rose

318. **τάλαινα:** refers to Ant. herself.

319. **φαιδρά...με:** "she greets me brightly (joyfully) from (with) her eyes." φαιδρά is internal acc. or acc. as adv. The meter confirms the neut. pl. (not fem. sing.).

320. **σαίνει:** "greets."

321. **δῆλον:** Dawe and K take parenthetically ("it is clear").
'Ισμήνης κάρα: "Ismene." The same periphrasis occurs in the first line of *Antigone*.
Enter Ismene.

322. **ὁρᾶν:** indir. statement, "that I see."

325. **ὡς:** exclamatory, "how."

326. **δεύτερον:** "in the second place," i.e., "after all that."

328. **πέφηνας:** intrans. 2nd perf. of φαίνω.

330. **τροφαί:** "manner(s) of living," but the more literal sense, "nurture/tendance," is perhaps never absent in *OC*, in which τροφή and τρέφω are thematic words.

332. **δ':** See on ἀλλ', 238, for position.
σῇ...προμηθίᾳ: "out of concern (usually "forethought") for you." A possessive adj. often = an objective gen.

333. **πότερα πόθοισι:** "because of (your) longing (or what)?"
πότερα = πότερον.
καὶ...γ': "yes, and" (see on 195f.).

334. **ξὺν ᾧπερ εἶχον:** "along with... which I had." ᾧπερ is attracted from ὅνπερ.

335. **ποῦ...πονεῖν:** "where (are they) for undertaking the labor (of this journey)?"; i.e., "why haven't they come instead?"

336. **τὰν κείνοις:** "the affairs in their midst (i.e., involving them)."

337. **πάντ':** acc. of respect, "in all ways," defined by φύσιν and βίου τροφάς.
ἐκείνω: nom. dual. ὤ is exclamatory and angry, so it should be translated, unlike ὦ with voc.

337ff. In Athens it was a moral and legal duty to look after one's aged parents, especially their nourishment (τροφή). The law compelled one τοὺς γονέας τρέφειν; the charge for not doing so was γονέων κάκωσις. Children were also obliged to provide a proper burial (in Athens, if at all possible) for deceased parents. See Lacey, especially pp. 116-17, 290.

338. κατεικασθέντε: "who have come to resemble," + dat.

340. ἱστουργοῦντες: "working the loom."
σύννομοι: "partners/mates."

341. τἄξω βίου τροφεῖα: "the things (from) outdoors that sustain life."

342. σφῷν: dat. of relation (S 1495), "in your case"; gen./dat. of σφώ (344), "you two."

343. οἰκουροῦσιν: "guard the home," i.e., "stay (at home)."
ὥστε = ὡς, "like" (only in poetry).

344. δυστήνου: agrees with the possessive gen. *implied* in ἐμά.

345. ὑπερπονεῖτον: Supply μου with the prefix, "... on (my) behalf."
ἐξ ὅτου: "from the time that" (neut.).
νέας: "young," i.e., "required by young children."

346. κατίσχυσεν: "became strong" (< κατισχύω), ingressive aor. (see on 265).

348. γεροντ αγωγεῖ: "has been shepherding an old man," coined on the model of παιδαγωγέω.
πολλά: adverbial, "much," i.e., "often."

349. νηλίπους: "barefooted."

350. δ': balances μέν, 348, but unexpectedly introduces a new finite verb (ἡγεῖται), not just a pple. (μοχθοῦσα).
καύμασι: "burnings" (cf. καίω).

351. δεύτερ': i.e., "less important."

352. εἰ: "if only/in the hope that."

354. μαντεῖ(α): We are not told what they said.
Καδμείων λάθρᾳ: "without the knowledge of the Thebans," here named after Thebes' legendary founder, Cadmus.

355. τοῦδ' ἐχρήσθη σώματος: "were uttered in regard to this person," gen. of connection (S 1380f.). For ἐχρήσθη, see on 87.
μοι: J's unnecessary change from the mss.' μου.

360. μὴ οὐχί: "(that is,) without." οὐχί (= οὐ) is not translated but is due to the influence of οὐ before κενή (S 2750).

362. τὴν σήν... τροφήν: J takes the acc. as obj. of ζητοῦσα and ποῦ κατοικοίης as an interruption that explains τροφήν--

18   Gilbert P. Rose

"inquiring as to your way of life, where you were living."
Instead, perhaps the acc. is an extended internal obj. of
κατοικοίης; the clause would combine the notions "living your
life" and "finding your sustenance." The opt. is in secondary
sequence in indir. discourse.

363. παρεῖσ᾽ ἐάσω: "I will let pass (aor. pple. of παρίημι) and
dismiss."

364. αὖθις πάλιν: "again" (= either word alone).

366. ἐλήλυθα < ἔρχομαι.

367. πρίν: adv., "previously."
ἔρως: The mss. (and K) have ἔρις ("strife/rivalry"). Perhaps
neither is right.
Κρέοντί τε: indir. obj. with ἐᾶσθαι (pass.). τε ("both") is
balanced by μηδέ ("and not").

369. λόγῳ: "with calm reflection" (J).
σκοποῦσι: pple.
τὴν. . . φθοράν: probably beginning with a curse on Laius
for kidnapping his host's son (J).

370. οἵα: indir. exclamation, "(σκοποῦσι) what φθορά it was that
. . . "

371. κἀλιτηρίου φρενός "and from (their own) mind, bent on
wrongdoing" (< ἀλιτήριος).

373. κράτους: κράτος and κρατέω figure importantly in OC.

374. νεάζων: connotes impetuosity. In Euripides' Phoenissae
(71), of 411 B.C., Eteocles is said to be the older.

376. ἀποστερίσκει: historical pres., "robbed."
κἀξελήλακεν < ἐξελαύνω.

377. ὁ δ᾽: "but the other" (Polyneices), indicating change of subject,
as usual.
καθ᾽: not "according to," but "among."

378. κοῖλον: "hollow," i.e., "low-lying." For the case, see on 2.
φυγάς: nom., "as an exile."

379. κῆδος. . . καινόν: "a new/alien connection by marriage,"
with Adrastus, king of Argos.

380. ὡς: "with the thought that," + acc. abs. here used personally
(S 2078); Ἄργος is the subject, τὸ Καδμείων πέδον the obj. of
both pple.'s. This will be the attack of the Seven against Thebes.

381. καθέξον < κατέχω.

Sophocles' Oedipus at Colonus 19

βιβῶν: neut. fut. pple. of βιβάζω, here "raise." If Thebes repels such a powerful army, its fame will rise πρὸς οὐρανόν.

382. ἀριθμός: here "a (mere) number/a lot."

383. ὅπου: i.e., "at what point."

385f. ὡς... ἕξειν: rare mixture of constructions, perhaps influenced by ὡς + pple.

386. ὥραν: "concern."
    ποτε: perhaps "at last," rather than "one day."

387. ἔγωγε: "I (did)," a common form of "yes."

388. τεθέσπισται < θεσπίζω, "prophesy."

389. τοῖς ἐκεῖ... ἀνθρώποις: dat. of agent with verbal adj., ζητητόν, which is the predicate with ἔσεσθαι.

390. εὐσοίας: "(their) good safety/welfare."
    χάριν: See on 255.

391. ἄν... ἄν: tends to come early so as to set the mood, then to be repeated after an (other) important word.

393. ἄρ(α): not "therefore," but "it seems/it turns out," with irony, as often.

395. φλαῦρον: "(it is a) paltry (thing)."

396. καὶ μὴν κρέοντά γ': "nevertheless, ...Creon."
    σοι: For the case, see on 70.

400. ὅρων: "(on) the borders" (< ὁ ὅρος); gen. for the usual dat. with ἐμβαίνω, probably on the analogy of ἐπιβαίνω (J, S 1383).

401. θύρασι: adv., "outside."

402. δυστυχῶν: i.e., "if it is dishonored."

403. κἄνευ... μάθοι: Descendants were obliged to tend and give offerings at the tombs of their relatives. Oed. assumes, therefore, that he will at least be buried within Thebes. At 406 he begins to doubt.

404. προσθέσθαι: "acquire (as an ally)."

405. μηδ'... κρατοῖς: "and not (leave you) where you can be master of yourself," probably an unnecessary change from the mss.' κρατῇς, "wherever you will..." ἵνα of purpose never has ἄν + subjunc.

406. κατασκιῶσι < κατασκιάζω, "cover."

407. τοὔμφυλον αἷμα: "the family bloodshed" (< ἔμφυλος).

20 Gilbert P. Rose

408. οὐκ... μή: See on 176.
ἄρ': here and in 409 = ἄρα, "in that case" (only in poetry, GP 44-45).

410. συναλλαγῆς: usually "reconciliation," here "conjuncture (of events)."

411. ὀργῆς: the salient trait of a cult hero. The verse refers to a future battle (not easily identified historically) in which his wrath will cause a Theban force to be defeated by Athens (cf. 92-93).

414. ἐφ': apparently "in regard to (me)."

415. Θήβης πέδον: "the land of Thebe," a dim, mythical figure.

417. κἀξεπίστασθον: 3rd dual of ἐξεπίσταμαι.

418. κᾆθ' = καὶ εἶτα (see on 264).

419. τοὐμοῦ πόθου: depends on πάρος, "before/above." For ἐμοῦ (< ἐμός), see on σῇ, 332.

421. πεπρωμένην: "fated," < πέπρωται (see under πόρῳ). This probably alludes to the general curse on the house (see on 369), although some think that Soph. used a version in which Oed. had cursed his sons before going into exile.

422. τέλος: here "the determining power."

423. πέρι: so accented (anastrophe) when it follows its obj.

424. ἧς... ἔχονται: "which they are taking hold of," i.e., "on which they are engaging."
κἀπαναίρονται δόρυ: "and they are raising their spear against (each other)," < ἐπαναίρω. Greek tends to use an independent clause instead of a second rel. clause ("and in which they...").

425. ὡς: "since (if that should come true)."

427. οἵ γε: i.e., "since they" (GP 141).
τὸν φύσαντ': Supply αὐτούς. Highlights his sense of outrage.

429. οὐκ ἔσχον: "did not stop," + supplem. pple. of something already in progress.

430. αὐτοῖν: dat. of interest, "for all they cared."

433. τὴν μὲν αὐτίχ' ἡμέραν: "during the *immediate* period" (right after the disclosures and blinding depicted in *OT*).

434. ἔζει θυμός: "my anger was seething." Oed.'s first response to his calamity is consistently portrayed as anger in *OC* (cf. 768).

435. **κατθανεῖν** = καταθανεῖν (apocope, omission of vowel before consonant; not in literary prose).
λευσθῆναι < λεύω, "stone."

437. **πέπων:** "mild(er)."

438. **ἐκδραμόντα:** ἐκ- implies "beyond all bounds."

439. **μείζω κολαστήν:** probably "too great (abs. compar.) a punisher (of)."

440. **τὸ τηνίκ(α):** "at that time"; cf. ὁπηνίκ', 434.
τοῦτο μέν: a strengthened μέν.

441. **ἤλαυνε:** "was for driving" or "was about to drive."
χρόνιον: modifies μ' but adverbial in sense, "after all that time."

441f. **οἱ δ'. . . δυνάμενοι** = οἱ δέ ("but they"), οἱ τοῦ πατρός ("the sons of the father"), δυνάμενοι (concessive) ἐπωφελεῖν τῷ πατρί.

442. **τὸ δρᾶν:** articular complem. infin. with ἠθέλησαν.

443. **χάριν:** i.e., "for the lack of."

447. **γῆς ἄδειαν:** "lack of fear of the land" (i.e, the land "where I find myself at any given time," J).
ἐπάρκεσιν: "help," + subjective gen.

448. **εἱλέσθην:** 3rd dual mid. of αἱρέω.
θρόνους: probably obj. of κραίνειν, here "to hold in one's power." σκῆπτρα καὶ θρόνους is a unit elsewhere (425, 1354).

450. **λάχωσι** < λαγχάνω, + gen. (usually acc.).

452. **τῆσδε:** Ismene.

453f. **τἀξ ἐμοῦ παλαίφαθ':** "the ones announced (by Apollo) long ago (and recalled now) from me (i.e., from my mind)."

454. **ποτε:** "at last."

455. **πρὸς ταῦτα:** "in view of this."
πεμπόντων: imper.

456. **μαστῆρα:** "as a seeker."
κεῖ τις ἄλλος: i.e., "or whoever else."

457f. **ὁμοῦ προστάτισι:** a conjectural reading, "along with them as your protectors" (J).

460. **ἀρεῖσθε:** fut. of ἄρνυμαι, "gain/win."

463. **τῷδ'. . . λόγῳ:** probably dat. of means (K).

465. **ὥς. . . τελοῦντι:** "in the assurance that I will accomplish";

22   *Gilbert P. Rose*

supply μοι.

προξένει: "be (my) πρόξενος," a foreigner's patron, i.e., "assist/advise (me, a foreigner)."

466. τῶνδε δαιμόνων: J takes as possessive (i.e., "proper to"), but it may be objective in the sense "in honor of," on the model of a phrase like θεῶν θύματα, "sacrifices to the gods." The rite probably serves simply as an atonement for Oed.'s trespass; some, however, think that it is meant to secure the Eumenides' protection, or else to purge Oed. of his pollution.

467. κατέστειψας < καταστείβω, "tread on."

469. ἀειρύτου: "ever-flowing" (cf. ῥέω); fem.

470. ὁσίων: from having been washed first.

472. εὔχειρος < εὔχειρ, "skilled."

473. ὧν. . . ἀμφιστόμους: "whose rim(s) and handles on both sides of the mouth you must wreathe." κρᾶτα is probably sing., not (neut.) pl.

474. θαλλοῖσιν, ἢ κρόκαισιν: "with (olive) twigs or woolen cloths."

475. οἰὸς. . . λαβών: "with the newly shorn fleece of a young ewe (< ὄις), after you get (it)."

476. εἶεν: a transitional interjection, "fine/very well."
     τὸ δ' ἔνθεν: "and as the thing from that," i.e., "and after that."
     ποῖ: i.e., "with what conclusion."

477. πρώτην ἔω: "the first dawn" (< ἕως), i.e., "the east."

478. κρωσσοῖς: κρωσσός = κρατήρ. Dat. of means, but translate with "from."

479. τὸν τελευταῖον δ' ὅλον: "but (empty) the final (third) κρωσσός in its entirety." Evidently the first two are to be only partly emptied.

480. τοῦ τόνδε πλήσας θῶ: "having filled (< πίμπλημι) this one *with what*, should I (then) place it (in readiness for pouring)?" The first two bowls will contain water only. The pple. is more important than the finite verb, as often.

481. μελίσσης < μέλισσα, here "honey" (usually "bee").
     προσφέρειν: infin. as imper. (S 2013); cf. 484.

482. μελάμφυλλος: "dark with (i.e., shaded by) leaves."

483. κλῶνας: "twigs."

Sophocles' Oedipus at Colonus   23

485. μέγιστα: "(this is) the most important thing."
487. σωτήριον: seems to be pass. (only here, if so), "being saved/in safety"; but it may also be act., "who brings safety."
489. ἄπυστα: "inaudible" (cf. πυνθάνομαι). For the thought, cf. 130-33.
μηκύνων βοήν: "making a loud (lit. "long") shout."
490. ἄστροφος: "without turning around (to watch)."
493. προσχώρων: "dwelling near this place/native" (therefore the best judge, so J).
495. οὐχ ὁδωτά: "(it) cannot be done/there is no way."
λείπομαι: "I am lacking/I am not up to it."
496. δύνασθαι: "being (physically) strong."
497. σφῷν: gen. of σφώ (see on 342).
ἀτέρα: crasis for ἡ ἀτέρα (i.e., ἑτέρα, S 68-69), "(one or) the other."
499. εὔνους: "with good intention," fem.
500. τι: probably with ἐν τάχει, "rather quickly."
503. τὸν τόπον: obj. of ἐφευρεῖν.
504. χρῆσται (or χρῇσται) = χρὴ ἔσται.
505. τοὐκεῖθεν: "the far side of/beyond."
506. σπάνιν: "need."
ἔποικος: here "a man who lives near there," referring to a functionary.
507. ἐς τόδ': "for this (purpose)/to do this."
509. οὐδ' εἰ. . . δεῖ: "even if. . ., one must not." οὐ δεῖ (or οὐ χρή) regularly means this, not "it is not necessary" (22 is exceptional).

Exit Ismene. Kommos, a lyric dialogue between a character and the Chorus, properly lament. The meter is mostly aeolic in 510-33, iambic in 534-48.

514. ἀλγηδόνος: "suffering" (cf. ἀλγέω). For the case, see on 307.
ᾧ ξυνέστας: "with which you stood," i.e., "with which you have been involved."
517. μηδαμά: not οὐ- because the pple. is vaguely generic, "such that it never. . ." (S 2734).
518. ὀρθόν: "correct(ly)."

24   *Gilbert P. Rose*

520. **κἀγώ**: "I as well (have been heeding *you*)."

521. **ἤνεγκ' οὖν κακότατ'**: ἤνεγκα = ἤνεγκον; κακότατα = κακότητα (< κακότης); οὖν is a conjecture.

525. **κακᾷ... εὐνᾷ**: "with an evil bed(ding)."

     ἴδριν: "aware/knowing(ly)." The mss. (and K) have the nom., ἴδρις.

526. **ματρόθεν**: "with your mother," virtual gen. with a verb of filling.

528. **δυσώνυμα**: "(so that it became) infamous," a proleptic adj. (S 3045).

532. **ἄτα**: dual; poetic use of abstract for concrete, often expressive of strong emotion.

533. **κοινᾶς**: i.e., a mother common to all three.
     ἀπέβλαστον < ἀποβλαστάνω, "grow from/spring from."
     ὠδῖνος < ὠδίς, "labor pain."

537. **ἐπιστροφαί**: "wheelings-around," + subjective gen. In recalling his κακά, he imagines them as a hostile army turning to confront him again.

539. **ἔρεξας** < ῥέζω, "do," a common poetic verb.
     τί γάρ: "well, what then?" (GP 82-83).

540f. **ὅ... ἐξελέσθαι**: perhaps "which I, whose heart has suffered deeply, wish I had never received from the city for helping it." So J, taking the infin. as a wish with rare nom. subject (S 2014a).
     πόλεος = πόλεως.

542. **τί γάρ**: "well, what (about this)?"

544. **δευτέραν ἔπαισας**: "you have struck (< παίω) a second blow" (πληγήν understood).

545. **ἔκανες** < καίνω, "kill."

545f. **ἔχει... πρὸς δίκας τι**: "it (= the deed, J) has something (some plea) in accord with justice."

546. **τί γάρ**: "what (exactly)?"
     Enter Theseus.

549. **καὶ μήν**: marks the entrance of a character (cf. "look"), often with ὅδε ("here").

550. **ὀμφήν**: See on 102.
     ἐφ' ἀστάλη πάρα = ἐπὶ ταῦτα ἐφ' ἃ ἐστάλη πάρεστι, "is here for the purpose for which he was sent."

555. σκευή: "clothing."

557. 'περέσθαι < ἐπέρομαι.

559. παραστάτις: "one who stands beside," i.e., "helper."

560f. δεινὴν... λέξας: "it would be one fearsome πρᾶξις which you could succeed in naming." For τιν᾽ strengthening an adj., see S 1268. πρᾶξιν is probably act. (K), "act/task (on my part)," not pass. (J), "fortune (suffered by you)."

561. ὁποίας: "of a sort from which," but virtually εἰ αὐτῆς.

562. ἐπαιδεύθην: here simply "was brought up." ξένος: in Troezen (in the Peloponnesus) with his mother, Aethra.

563. εἰς πλεῖστ᾽ ἀνήρ: a strengthened superl., "more than anyone" (S 1088), with κινδυνεύματ᾽. ἐπὶ ξένης: See on 184, though here no one land is meant. Like Heracles, he was a wandering hero, ridding the land of monsters.

564. ἐν τὠμῷ κάρᾳ: i.e., "to my person (life)."

565. οὐδέν᾽: modified by ξένον ὄντα.

566. ὑπεκτραποίμην: "turn away from," i.e., "refuse to." μὴ οὐ: μή with infin. after verb of prevention or with any negative sense, + οὐ when that verb is itself negatived. Neither need be translated.

567f. τῆς ἐς αὔριον... ἡμέρας: "of the tomorrow-time," i.e., "of the future"; partitive with μέτεστιν. ἐς αὔριον = αὔριον.

570. παρῆκεν < παρίημι, "allow," i.e., "make it possible." ἐμοὶ δεῖσθαι = ἐμὲ δεῖν; a very rare construction.

571. μ᾽: obj. of εἰρηκώς by prolepsis (see on ὄν, 135).

572. ὁποίας: simply "what" here.

574. διοίχεται: "is gone/is ended."

577. οὐ σπουδαῖον εἰς ὄψιν: "not to be taken seriously with respect to its appearance."

579. ἀξιοῖς: "claim."

580. που: "I imagine," since he does not know when the sign of his imminent death will come (J).

581. ποίῳ γάρ: Supply χρόνῳ, "well then, *when*?" προσφορά: "gift." δηλώσεται: fut. mid. in pass. sense, as often.

26 **Gilbert P. Rose**

584. ληστιν ἴσχεις: "you have forgetfulness of/you are forgetting." The periphrasis governs τὰ ἐν μέσῳ as a dir. obj. (S 1612).
δι' οὐδενός: "as worth nothing." For ποεῖ, see on 277.

585. ἐνταῦθα. . . κεῖνα συγκομίζεται: "τὰ ἐν μέσῳ (especially protection from Creon) are brought together (comprised) in that."

586. ἐν βραχεῖ: "in a small compass/as a small thing."

587. ὅρα γε μήν: "yes, but watch out" (GP 348).
ἀγών = ὁ ἀγών.

588. πότερα. . . λέγεις: "do you mean relations between. . . (or what)?"

589. κεῖσ' = ἐκεῖσε, to Thebes.

590. εἰ: Supply χρῄζουσι κομίζειν σε.
οὐδὲ σοὶ φεύγειν καλόν: "for you on your side, being in exile is not καλόν."

592. ὦ μῶρε. . . ξύμφορον: The Sophoclean hero typically hears such exhortations to σωφροσύνη in response to the tenacity with which he holds his ground. Normally, however, the other character does not readily withdraw his criticism, as Thes. does in 594.

596. ἐρεῖς: fut. of present intention, "do you mean to speak of" (S 1915a).

598. μεῖζον ἢ κατ': "greater than in accord with," i.e., "beyond the level of."

600f. ἔστιν. . . μήποθ': not "it is not possible ever" (which would be οὔποτε); rather, "it is mine (my lot) never to. . . "

601. ὡς: a crucial word (ὄντι being understood), indicating that this is the Thebans ' reasoning.

602. πεμψαίαθ': The mid. = "send for/summon." For the form, see on 44.

605. πληγῆναι: here "to be struck (down)/defeated" (< πλήσσω).

612. πνεῦμα: "spirit" (lit. "wind").
ταὐτόν = τὸ αὐτό; more common than ταὐτό.

613. βέβηκεν: here "stands (fixed)."

614. τοῖς μὲν. . . τοῖς δ': "because for some people soon(er), and for others . . . "

616. **εὐημερεῖ:** "prosper."

618. **ἰών:** "as it goes (along)."

619. **δεξιώματα:** "pledges (given with the right hand)," i.e., "friendship."

620. **διασκεδῶσιν:** fut. of διασκεδάννυμι. Subject is the Thebans.

622. **πίεται:** fut. of πίνω.

623. **χὠ Διός:** Supply υἱός. The oracular Apollo is Zeus' mouthpiece. **σαφής:** here "speaks with certainty/is unerring."

624. **γάρ:** anticipatory, "inasmuch as."

625. **ἐν οἷσιν ἠρξάμην** = ἐν τούτοις ἃ (λέγων) ἠρξάμην (J).

625. **τὸ . . . φυλάσσων:** πιστόν probably predicate adj., "only keeping your own part faithful" (Campbell).

630. **ὡς τελῶν ἐφαίνετο:** "was showing himself as one who intends to fulfil."

632. **δορύξενος:** "of a spear-friend," an ally.

633. **αἰέν:** i.e., Thes.' hearth (home) has always been open to Oed. because of an inherited bond of ξενία.

635. **δασμόν** < δασμός, here "recompense" (J), usually "tribute."

636. **σεβισθείς:** "reverently honoring" (< σεβίζομαι).

637. **ἔμπολιν:** "as a member of our πόλις."

638. **σέ:** the Chorus-leader, i.e., the Chorus.

639. **μέτα:** For the accent, see on 423.

640. **τόδ':** appositional to ἐμοῦ στείχειν μέτα.

640f. **τούτων. . . χρῆσθαι:** "of these I allow you to choose (one or the other) and make use (of it)."

641. **τῇδε:** adv., "in that way," i.e., "whichever way you choose."

647. **ἂν λέγοις:** probably "(if that happens), you would prove to be speaking (now) of" (S 1828).

648. **σοί γ'. . . ἐμμενεῖ:** "will hold good for you," i.e., "you on your part will abide by." σοί is modified by τελοῦντι.

649. **τὸ τοῦδέ γ' ἀνδρός:** "(over/in) this man's part."

651. **ἢ λόγῳ:** "than (you would gain) by means of my (unsworn) statement."

653. **τοῖσδ' ἔσται μέλον** = τοῖσδε (the Chorus) μελήσει.

28   Gilbert P. Rose

654. ὅρα με λείπων: "watch out, if you leave me, ... "

655. ὀκνοῦντ': Supply με (subject) διδάσκειν.

656. μή: stronger than οὐ after οἶδα, connoting "confident belief" (S 2730).

657. πρὸς βίαν ἐμοῦ: "against my will"; usually βίᾳ + gen.

658f. ἀπειλαί. . . κατηπείλησαν: "threats threaten" (gnomic aor.), a bold personification.

660. αὐτοῦ: "its own," i.e., "under its own power."

661. ἴσως: "probably," with φανήσεται.
     ἐπερρώσθη: "there was the courage," impersonal pass. of ἐπιρρώνυμι.

663. πέλαγος: "voyage," a bold metaphor for the short, overland route in question.
     πλώσιμον: "navigable."

664. μὲν οὖν: "now," marking the transition to a new argument.

665. γνώμης: "decision (to help you)."
     ἐπαινῶ: here = παραινῶ, "advise."

667. μή: See on μὴ οὐ, 566.

     Exit Theseus. First stasimon, (choral ode). The meter is aeolic in 668-93, ionic (basically ∪∪--) and iambic in 694-719. The song is a famous celebration of Colonus and Athens. It is reported that Sophocles' sons, in order to wrest control of his affairs, brought a suit for incompetence against him when he was about ninety. In his defense the poet, having just written this ode, read it to the jury, who acquitted him resoundingly.

668. εὐίππου. . . τᾶσδε χώρας: "belonging to. . . " or "within . . . ," referring to Attica generally.

669. τά. . . ἔπαυλα: "the best dwelling-places of (in) the world"; pl. of ἔπαυλος.

670. ἀργῆτα: "white" (< ἀργής), of the soil, the rocks, or the buildings.

671. μινύρεται: "warbles," of a low, perhaps plaintive, sound.

672. θαμίζουσα: "frequenting (it)."
     ἀηδών: See on 18.

673. χλωραῖς ὑπὸ βάσσαις: "down in green glens" (< βῆσσα).

674. τόν. . . κισσόν: "having (as its home) the wine-dark ivy" (< κισσός), sacred to Dionysus (θεοῦ, 675).

676. φυλλάδα < φυλλάς, "foliage."

677f. ἀνήνεμον. . . χειμώνων: "windless from storms."

678. βακχιώτας = βακχιώτης, "reveller."

680. θεαῖς ἀμφιπολῶν τιθήναις: "roaming with (lit. "tending") the goddesses (i.e., the nymphs of Mt. Nysa), his (former) nurses."

681. ἄχνας: gen. of ἄχνη, "dew."

682. καλλίβοτρυς: "with lovely clusters."
κατ' ἦμαρ ἀεί: "anew each day."

683. μεγάλαιν θεαῖν: Demeter and her daughter, Persephone, goddesses of fertility, the underworld, and the Eleusinian mysteries. The narcissus and crocus (685) were associated with them (*Homeric Hymn to Demeter*) and, in part through them, with death. Finally, Oed. himself was associated with Demeter in cult in the classical period.

686f. κρῆναι. . . Κηφισοῦ νομάδες ῥεέθρων: perhaps "wandering waters of the bed (< ῥεῖθρον, regularly pl.) of the Cephisus," i.e., wandering in irrigation channels; or else "waters, distributors of."

689. ὠκυτόκος: "quickly producing (crops)" (cf. τίκτω).
ἐπινίσσεται: "it (the Cephisus) traverses," + gen. (S 1448).

690. ὄμβρῳ: here apparently "water," not "rain."

691. στερνούχου χθονός: perhaps "of the (broad-)breasted earth," with πεδίων.

693. χρυσάνιος: "with golden reins."

694. ἔστιν δ' οἷον: "there is (a plant, φύτευμα, 698) the likes of which."

698. ἀχείρωτον: probably "unconquerable" (< χειρόω), rather than "not planted by man's hand" (LSJ). Within a day after the Persians in 480 burned Athena's olive-tree on the Acropolis, it is said to have regenerated itself (hence αὐτοποιόν). See Herodotus VIII.55.

702. τό = τοῦτο.
μέν: without δέ even implied; simply emphatic here (GP 364).
τις οὐ = οὐδείς.

702f. γήρᾳ συνναίων: The mss. (and K) have σημαίνων ("in command of an army"); γήρᾳ would then = ἐν γήρᾳ ὤν.

703. ἁλιώσει < ἁλιόω, "make useless/destroy."

30   Gilbert P. Rose

704. κύκλος: here "eye."

705. Μορίου Διός: so named from the ἐλαῖαι themselves, sometimes called μορίαι.

707. αἶνον: "(subject of) praise."
     ματροπόλει: i.e., Athens; elsewhere usually of a city in relation to its colonies.

709. δαίμονος: Poseidon (713).

710. χθονός: a guess. The mss. have nothing here.

711. εὔιππον, εὔπωλον, εὐθάλασσον: could modify δῶρον or αὔχημα, but perhaps an understood νιν (from ματροπόλει) gives them the best sense (Campbell)--"(to say) that it is. . . " Poseidon is above all the god of horses and the sea. εὐθάλασσον suggests Athens' mastery of the sea (K), which was essential to her power throughout the fifth century.

713. εἶσας: aor. of ἵζω, here "place/establish."

714. ἀκεστῆρα: "healer," because the bridle soothes and tames their wildness.

715. ἀγυιαῖς: "roads."

716f. εὐήρετμος. . . πλάτα: "well-oared oar," i.e., "an oar that is a good one."
     ἔκπαγλ' ἁλία: J takes with θρῴσκει, i.e., "leaps wondrously on the sea," but ἁλία may go attributively with πλάτα, thus "sea-going." ἔκπαγλα is adv. of ἔκπαγλος.
     χερσὶ παραπτομένα: probably "fitting the (rowers') hands along the side (of the boat)"; i.e., pass. of παράπτομαι (J), not aor. of παραπέτομαι.

     Second epeisodion. Enter Creon with guards.

721. σόν: See on 197.
     δή: perhaps emphasizes the tone of challenge in the clause (rather than "with a touch of bitterness," GP 204).
     φαίνειν: here "display (in action)."

725. φαίνοιτ(ο) ἄν: a courteous command (S 1830).
     τέρμα: "the end/goal (i.e., fulfilment)."

729. ὀμμάτων: with φόβον, perhaps possessive (J), "belonging to/evident in your eyes."
     εἰληφότας < λαμβάνω.

731. ὅν: i.e., ἐμέ.
     ὀκνεῖτε. . . ἀφῆτ': Unless meter was determining, these

illustrate the frequent difference between pres. (imper.) and aor. (subjunc.) in prohibitions--"don't keep -ing" *vs.* simply "don't."

735. τηλικόσδ': "(even though I am) this old." The mss. (and K) have the acc.

737. ἐξ: "as a result of."

738. ἧκέ μοι γένει: "it had come/fallen to me by kinship" (as Jocasta's brother).

742. τῶν = τούτων.

743. ὅσφπερ: dat. of degree of difference, "by as much as . . . ," i.e., "to the same (-περ) extent that ἀλγῶ μάλιστα" (μάλιστα being supplied from 742).

744. κάκιστος: emphatically redundant superl. with πλεῖστον (S 1090).

746. κἀπί: "and dependent upon." προσπόλου: here "attendant/helper," not "servant."

747. τήν = ἥν (see on 304).

748. ἄν: with πεσεῖν. αἰκίας: "degradation," partitive gen.

751. πτωχῷ: here a two-termination adj., "beggarly." τηλικοῦτος: "at her (mature) age." Rare as fem., used probably to avoid hiatus with οὐ.

752. τοὐπιόντος = τοῦ ἐπιόντος (< εἶμι), "belonging to the (first) one who comes upon (her)." She lacks not only a husband but the properly sheltered life of an unmarried daughter.

755. ἀλλ'. . . γάρ: treats the foregoing as less important, "but ἄθλιον or not" (S 2818).

758f. φίλως εἰπών: "having addressed φίλως," i.e., "after saying a friendly goodbye to."

760. σέβοιτ': evidently pass. here.

761. ἂν φέρων: potential pple., "who would derive."

763. ταῦτα πειρᾷ: "make this attempt (upon me)," mid.

764. ἐν οἷς: probably "(in circumstances) in which." ἁλούς: 2nd aor. pple. of ἁλίσκομαι, virtual pass. of ἑλεῖν.

765. τε: balanced in 772. με: resumed in dat., θέλοντι, 767, with a change in construction (anacoluthon). The acc. suggests that he was going to say, "you would not let me go."

32	Gilbert P. Rose

766. ἐκπεσεῖν: here, as often, "to be exiled."

768. ἦ = ἦν (1st sing.).

769. τοὖν = τὸ ἐν, τό with the infin.

770. ἐξεώθεις: imperf. of ἐξωθέω (cf. 428).

771. τοῦτ': i.e., "which you bring up" (at 738, 754).

773. γένος: here "the people."

774. μετασπᾶν: "to drag (me) back" (< σπάω).

775. τέρψις: not "enjoyment" here, but "giving of pleasure."

776. ὥσπερ. . . εἰ: "(it is) just as if."
     τυχεῖν: Supply τινος (neut.).

778f. χρῄζοις, φέροι: assimilated to the governing opt., δωροῖτο (S 2186a,b).

780. ματαίου: predicate adj., "as a useless/empty one"; i.e., "wouldn't this pleasure which you would get be empty?"

783. καὶ τοῖσδ': i.e., the Chorus, as well as Creon.
     δηλώσω: subjunc.

785. πάραυλον: "dwelling nearby."
     πόλις. . . σοι: "your city," but, strictly speaking, σοι is dat. of advantage.

786. κακῶν. . . χθονός: "may get off disaster-free of troubles (coming) from this land."

787. οὐκ ἔστι: opens abruptly, the asyndeton (lack of a connective) here showing emotion, and follows with matching, staccato clauses.

788. χώρας. . . ἀεί: "(not me but) my δαίμων bringing vengeance on the land (my curse which will have a life of its own)--which will be (not πάραυλος but) forever ἐνναίων."

790. ἐνθανεῖν: appositive to τοσοῦτον.

794. ὑπόβλητον: "counterfeit."

795. στόμωσιν: "hardness" (of metal), but στόμα above suggests also "(verbal) sharpness."

796. κάκ'. . . τὰ πλείον': more emphatic than πλείονα κακά.

797. μή: See on 656.

799. οὐδ' ὧδ' ἔχοντες: i.e., "even in my present condition."
     τερποίμεθα: "find pleasure (through satisfying my wish)."

800. ἐς τὰ σά: "with regard to your doings" (J).

804f. φύσας φανεῖ φρένας: "will you show yourself to have produced wisdom."

805. λῦμα: nom., "dirt," i.e., "as a stain (upon)."

807. ἐξ ἅπαντος: probably "from any resource/using any means," not "starting from anything/on any theme" (J).

808. χωρίς: "(are) separate/distinct."

809. ὡς δή: δή emphasizes the sarcasm, "as if."

810. οὐ... πάρα: "obviously not at least in the view of anyone (S 1496) for whom there is sense equal to you(rs)," i.e., "... who has as little sense as you do." Strictly καί, common after ἴσος, joins σοί to ὅτῳ. For πάρα, see on 550.

811. πρό: "on behalf of/as spokesman for."

812. ἐφορμῶν ἔνθα: "lying at anchor (here) where," lit. of a blockade.

814. οἷ' ἀνταμείβει ῥήματ': "(in view of) the kinds of responses which you give." The sentence structure here is very choppy, which might be due to anger, unless the text is corrupt.

815. βίᾳ: "against the will of."

816. ἦ μήν: indicates vehemence, often in an oath or threat.
τοῦδε: refers to ἥν σ' ἕλω, 814.

817. σύν: "with the support of."
ἀπειλήσας ἔχεις: here fully = a perf. (S 599b), not uncommon in Soph.

818. τὴν μέν: Ismene.

823. ἐξελᾶτε < ἐξελαύνω.

824. θᾶσσον: compar. adv. of ταχύς, but here, as often with commands, without compar. force (cf. 839).
τὰ νῦν: obj., δίκαια being predicate adj.

825. εἴργασαι: perf. of ἐργάζομαι, referring to Ismene's capture.

826. ὑμῖν: his guards (723). This verse seems to indicate that after 832 the guards (Campbell), not Creon (J and K) wil grab Ant. So too 847.
ἂν εἴη... καιρός: a virtual command.

827. πορεύσεται: fut. in a threatening protasis (S 2328). Cf. 837.

830. τῆς ἐμῆς: i.e., "this woman who is mine." In support, J cites *OT* 1506, where Oed. entrusts his daughters to Creon's

34   *Gilbert P. Rose*

guardianship.

Kommos (to 843). The meter is iambic and dochmiac (basically υ--υ-). The antistrophe is at 876-86.

834. οὐκ ἀφήσεις: nearly a command (S 1918).

834f. εἰς βάσανον εἶ χερῶν: "you will come to a test (< βάσανος) of blows."

836. εἴργου < εἴργω, "keep in/out/away."
μωμένου < μάομαι (= μαίομαι), "seek/pursue."

837. μαχεῖ· fut. (note accent).
γάρ: justifies εἴργου, skipping over the intervening speech (GP 63).

838. μέθες: aor. imper. of μεθίημι.

840. χαλᾶν: λέγω and some other verbs of saying can = "tell" with infin. of command.
σοὶ δ': possibly a guard (Campbell and J), but probably the Chorus (K).
ὁδοιπορεῖν: "to go."

842. ἐναίρεται: "is being killed" (nearly always in this literal sense).
σθένει < σθένος.

843. μοι: "I beg you," ethical dat. with a command (S 1486).
Exit Antigone with guards.

848. ἐκ: "depending on."
μή: with οὔκουν (see on 176).
σκήπτροιν: "staffs," i.e., "props."

851. τύραννος: here "of the ruling house." Eteocles is the actual ruler.

853. αὐτόν: occasionally = σαυτόν, as here, or ἐμαυτόν. Two acc.'s with δρᾷς and εἰργάσω, as with ποιέω.

855. χάριν δούς: "by gratifying/indulging" (= χαρισάμενος). The aor. pple. does not here indicate action prior to that of the governing verbs, but simply another facet of them (S 1872a).

856. ἐπίσχες αὐτοῦ: "stop right there" (cf. colloquial "hold it!"), aor. imper. of ἐπέχω (with ending of nonthematic verbs).

858. ἆρα = ἄρα (see on 408).
ῥύσιον: "(property given as) a security."
πόλει: "to (my) city."

861. λέγοις ἄν: See on 647.
    πεπράξεται: fut. perf., "will be a *fait accompli.*"

862. ἀπειργάθῃ: "prevents" (2nd aor. subjunc. of ἀπείργω or else pres. subjunc. of ἀπειργάθω).

863. ἦ... γάρ: indignant, "are you really going to...?" (S 2805a).

864. γάρ: "(I will not,) for."

865. ἔτι: J takes with τῆσδε ("yet this," in addition to the one placed on his sons, 421-24); probably better with ἄφωνον, "any longer," suggesting an urge that has been growing.

866. ψιλόν: here "defenseless" (lit. "bare"); J takes with ὄμμ' (= Ant.), but it could be predicative with μ'.
    ἀποσπάσας: Verbs of depriving may take two acc.'s. Contrast 895.

867. ἐξοίχει: οἴχομαι has perf. sense, yet Creon has *not* gone away yet. With a supplem. pple. (here ἀποσπάσας), however, it sometimes just means "away," and the pple. is translated as the main verb.

868. σέ... σόν: subject of γηρᾶναι, 870.
    θεῶν: apparently partitive with ὁ, "that one of the gods who."

869. βίον: internal acc. with γηρᾶναι, "to have a life in your old age."

870. οἷον κἀμέ = οἷον βίον κἀγὼ γηράσκω. The case of ἐμέ is probably due to the influence of σέ, 868.

875. μοῦνος: Ionic for μόνος (cf. ξεῖνος).

877. ὅσον λῆμ (α): "what audacity!"

879. νεμῶ: here "will I deem." The πόλις will have shown itself powerless, thus no longer a πόλις (cf. 842).

880. τοῖς... δικαίοις: "by means of just things," i.e., "in a just cause" (J).

882. Ζεύς μοι ξυνίστω: "let Zeus be my witness," just a guess at filling a lacuna which must be postulated to secure metrical responsion.

883. ἀνεκτέα: probably not fem. but neut., agreeing with τάδ'. Supply σοί ἐστι.

884. πρόμοι: "leaders."

885. πέραν: J takes as "towards the other side" (i.e., the border),

36   Gilbert P. Rose

which is strained; perhaps "out of reach" (Campbell).
Enter Theseus.

888. ἔσχετ': "did you stop" (see on 429).
       ἐναλίῳ θεῷ: "the god in the sea" (Poseidon).
890. οὗ χάριν: i.e., "which is why."
       ᾗξα < ἀίσσω, "rush."
891. ἔγνων: "dramatic" aor., denoting a state of mind just
       experienced (S 1937); translate as pres.
894. δέδορκας < δέρκομαι.
895. ξυνωρίδα < συνωρίς, "pair" (properly of horses). On μόνην J
       remarks, "his sons are as dead to him."
897. οὔκουν: here in an impatient question (GP 431), almost a
       command, "well, why doesn't. . .?" Dawe properly puts a
       question mark after βίᾳ, 903.
899. ἱππότην: adj. here, "mounted."
900. ἀπὸ ῥυτῆρος: "away from the rein," i.e., "with loose rein/at
       full speed."
900f. ἔνθα. . . μάλιστα: "(to) exactly where."
       δίστομοι: "two-mouthed," i.e., "two."
905. εἰ. . . ἧκον: "if I were in a state of (such) anger" (see on 12).
       δι' ὀργῆς itself = "in anger."
906. ἄτρωτον: "unwounded."
907. νόμους: "rules," i.e., those of coercion and seizure.
908. ἁρμοσθήσεται: apparently "will be brought to order/governed
       (by)."
909. ἕξει < ἔξειμι, addressed directly to Creon.
912. πέφυκας: here "were born."
913. ὅστις: i.e., "since you" (see on 263).
914. ἀφείς < ἀφίημι, here "ignore."
916. παρίστασαι: "bring to submission/take control of." It, too,
       governs ἃ χρῄζεις.
917. κένανδρον: "devoid of (fighting) men."
918. τῷ μηδενί: neut., "nothingness/a non-entity."
923. φωτῶν ἀθλίων ἱκτήρια: apparently "suppliant things
       consisting in. . ."; thus = φῶτας ἀθλίους καὶ ἱκτηρίους. They
       were suppliants of both Thes. and the Eumenides (hence 922).

926. ἄνευ: "without (the approval of)."

927. οὔθ'. . . ἂν ἦγον: Pres. contrafactual is preferred over fut. less vivid here to highlight the implied contrast, "as *you* are doing *now*."

928. ὡς: "how."
    διαιτᾶσθαι: here "behave."

930. τὴν αὐτὸς αὑτοῦ = αὐτὸς τὴν σαυτοῦ.

933. ἄγειν τινά: indir. command (see on χαλᾶν, 840); τινά is subject.

936. τῷ νῷ: "with my mind," the idea of purpose being predominant here (J and K). A probable contrast, too, with τοῦ νοῦ κενόν (931).

937. ὡς ἀφ' ὧν μὲν εἶ: "since (to judge from those) from whom you are," i.e., the Thebans. The speech echoes 911-12.

940. ἄβουλον: "lacking in judgment."

942. αὐτούς: the Athenians, dir. obj. for the usual dat. with ἐμ-.

943. ζῆλος: "envious desire (for)," + objective gen.

944. ἤδη < οἶδα.

946. ξυνόντες: See on 7.
    τέκνων: probably with γάμοι, "marriage with (or by) a child" (= Oed.).

947f. τοιοῦτον. . . ὄνθ': "such, I realized, was the εὔβουλον hill of Ares which was native to them (i.e., in their land)." Before Ephialtes' reforms (462/1), when it lost most of its power, the Areopagus was a court with broad jurisdiction, especially in religious matters.

950. ἐχειρούμην: conative.

952. ἀρὰς ἡρᾶτο: In reality, Oed. *cursed* Creon (868-70) only after Creon began to seize him; Creon may, however, be thinking of Oed.'s earlier *prophecy* (787-90).

954. θυμοῦ: J takes this as Creon's own anger, citing 874; if, however, it is Oed.'s, then γάρ would explain not ἀντιδρᾶν (953), but ἡρᾶτο (952).

955. θανεῖν: i.e., when the angry person dies.
    οὐδὲν ἄλγος: Therefore, the dead have nothing to get angry over (K).

958. τάς: "your."

38   Gilbert P. Rose

959. ἀντιδρᾶν: i.e., at a later time.

960. τοῦ = τίνος.

961. τόδε: internal acc.

965. τάχ' ἄν: "perhaps," with μηνίουσιν, a causal pple. modifying θεοῖς. Usually the ἄν modifies an opt. (or past indic.).

966. ἐπεὶ καθ' αὐτόν γ': "(and I say εἰς γένος,) since in and of myself" (see on 853).

967. ἀνθ' ὅτου: "in retribution for which (the gods brought it about that. . .)."

969. εἴ τι θέσφατον: "if (as was the case) something divinely uttered."

970. ὥστε: "such that," i.e., "to the effect that (he was to. . .)."

972. βλάστας. . . γενεθλίους: "birth" (including conception).

973. οὐ = οὔτε; asyndeton for emotional effect (GP 510).

975. ἐς χεῖρας: "to blows with," + dat.

978. τλῆμον: not pitying (as usual) but condemning.
γάμους: obj. of λέγειν.

980. οὖν: stresses importance or essentiality (GP 446); cf. 985.

981. ἐξελθόντος: For the prefix, see on 438.
στόμα: here "speech."

982. ἔτικτε: As the pres. can = "is my mother," so this = "was my mother."
κακῶν: causal (see on 202).

984. ὄνειδος: seems to violate the argument Oed. has been applying to himself.

985. ἀλλ'. . . γάρ: See on 755.

986. δυσστομεῖν: "say something bad about."

987. ἄκων. . . ἄκων: "unwittingly. . . unwillingly."

988. ἀκούσομαι: ἀκούω can = "I hear myself called. . . " or "I hear . . . said of me."

989f. οὕς. . . φόνους πατρῴους = ἐν φόνοις πατρῴοις οὕς (see on 56).

991. ἄμειψαι: mid. imper. (note accent).

993. κτείνοι: Even in the opt. the pres. stem can have conative force.

995. δοκῶ μέν: parenthetical, μέν being ironical, "I presume (of

course I cannot say for certain)."

998f. οἷς, ἐμοί: both governed by ἀντειπεῖν, οἷς being neut. Probably the wide separation accounts for the duplicated construction.

999. ἄν. . . ζῶσαν ἀντειπεῖν: probably pres. contrafactual, not fut. less vivid (despite the aor., ἀντειπεῖν, S 2310N). Thus ζῶσαν = εἰ ἔζη, virtually "if *he* were alive."

1000. γάρ: extends through ἔπος; hence, νομίζων is parallel to οὐ δίκαιος.
ἅπαν: "anything."

1003. θωπεῦσαι: "to flatter."

1005. κᾷθ' = καὶ εἶτα.
τοῦδ': Verbs of forgetting (and remembering) take a gen.

1007. τῷδ': dat. of respect.

1008. κλέψας: "having stolen" would be untrue and J's "having doomed me to be stolen" is unlikely Greek. Perhaps it helps define ἐχειροῦ (see on 855) and partakes of its conative force, "you tried to steal me and. . . "

1009. οἴχει: See on 867.

1011. κατασκήπτω: here "importune" (usually "fall upon").

1015. πανώλεις: "utterly ruinous."
ἀμυναθεῖν = ἀμύνειν.

1018. ἀμαυρῷ φωτί: governed by προστάσσεις and referring to himself; ἀμαυρῷ here = "weak" (cf. 182).

1020. χωρεῖν: Understand something like "my decision is," elicited from προστάσσεις.

1022. ἐγκρατεῖς φεύγουσιν: "are (already) fleeing (from Attica), having (the women) in their power."

1023. ἄλλοι: See 898-900.

1024. φυγόντες: here takes both a dir. obj. (οὕς) and a gen. of separation.
ἐπεύξωνται: "pray (in thanks for having escaped)."

1025. ἔχει: passive.

1026. θηρῶνθ': For the hunting metaphor, cf. ἄγραν, 950; note the reversal.
ἡ τύχη: a central, recurring term in the ironic reversals of *OT*. In *OC* it is applied to Oed.'s good fortune (1506, 1585) and to

40   Gilbert P. Rose

his enemies' bad fortune (here and 1404).

1027. κτήματ': "things acquired (by means of)." The noun is taking the construction of the verb (κτάομαι).

1028. κοὐκ. . . τόδ': "and you will not have another (to aid you) with a view to this (i.e., to the removal of the captives)" (J).

1029. ψιλὸν. . . ἄσκευον: "unaided (see on 866). . . unprepared."

1030. τόλμης τῆς παρεστώσης: appositional gen. ("consisting in") with ὕβριν; παρεστώσης is perf. pple. of παρίστημι.

1031. ὅτῳ: "someone in whom," with πιστός.

1035. χὥτε: "and (the Chorus' warnings) when."

1036. μεμπτὸν. . . ἐμοί: "to be reproached by me," i.e., "with which I will quarrel, (since you are in control)."

1037. εἰσόμεσθ(α): fut. of οἶδα.

1038. χωρῶν ἀπείλει: i.e., "threaten (if you like), only go" (see on 480).
ἡμίν: i.e., "please" (see on 843).

1041. κύριον: adj., but also suggests the male in charge of any woman in his family.

1042. ὄναιο: "may you benefit," i.e., "may you have good luck" (aor. opt. of ὀνίνημι).

Exeunt Theseus and Creon. Second stasimon. The meter is aeolic and iambic.

1045. ἐπιστροφαί: See on 537.

1046. χαλκοβόαν: probably "with the sound of clashing bronze" (so J).

1046f. Ἄρη μείξουσιν: "will mix in Ares" (< μίγνυμι), i.e., "will join battle." Similarly "Bacchus" = "wine," "Demeter" = "grain," "Hephaestus" = "fire."

1047f. ἢ πρὸς. . . ἀκταῖς: "by either the Pythian or the torch-lit coast." The first was a point on the way to Eleusis, the second the bay at Eleusis itself, goal of the annual, torch-lit procession of Athenian initiates going to celebrate the mysteries.

1050. πότνιαι: Demeter and Persephone (see on 683).
τιθηνοῦνται: "tend/foster."

1051ff. ὧν. . . Εὐμολπιδᾶν: probably "(θνατοῖσιν,) on whose tongue stands the golden bar of the ministering Eumolpids,"

Sophocles' Oedipus at Colonus 41

referring to the secrecy imposed by a priest from the Eumolpid family on the participants in the mysteries.

1054. ἐγρεμάχαν: "battle-rousing" (cf. ἐγείρω).

1055. διστόλους: either "two-who-are-journeying" or "in company with two (sets of) escorts."

1056. ἀδμῆτας < ἀδμής, "unmarried."

1057. αὐτάρκει τάχ' ἐμμείξειν βοᾷ: "will soon meet (intrans.) amidst an effective (lit. "self-sufficient") war-cry" (or else βοᾷ = "succor," like βοήθεια). Here and in 1055 the text may be corrupt.

1059. ἐφέσπερον: "lying to the west of," + gen.; modifies νομόν, "pasture-land."

1060. πέτρας νιφάδος. . . Οἰάτιδος: "snowy rock of Mt. Oea" (actual location uncertain). πελῶσ': fut. of πελάζω. Subject is Creon's men.

1062f. ῥιμφαρμάτοις φεύγοντες ἁμίλλαις: "fleeing with swift-charioted races," i.e., "racing to escape in their. . ."

1065. ἁλώσεται: perhaps "there will be a capturing" (impers. pass., K), or "will be worsted" (J), with Creon as subject (drawn loosely from prior clause).
προσχώρων: "natives," the men of Colonus, as opposed to the Athenians (Θησειδᾶν).
Ἄρης: "military force."

1066. ἀκμά: "the youthful strength."

1068f. καθεῖσ' ἀμπυκτήρια στομίων: "letting the reins of the bits go slack," i.e., "at top speed." καθεῖσ' (< καθίημι) and στομίων are guesses.

1070. ἄμβασις = ἀνάβασις (apocope, see on 435), "the mounting," i.e., with πᾶσα, "all the cavalry" (abstract for concrete, hence the following οἵ).

1075. προμνᾶταί τι: apparently "somehow presages" (J).

1076. ἀντάσειν: "that I will find" (< ἀντάω), + gen. of person here (usually dat.).

1077. τλασᾶν: pple. of τλάω, "endure" (not used in pres.); cf. ἀνέτλην (239).

1078. αὐθαίμων < αὔθαιμος, "kinsman."

1079. κατ' ἆμαρ: "today."

42 Gilbert P. Rose

1081. ἀελλαία ταχύρρωστος πελειάς: "as a swift-strong dove in a storm."

1082. κύρσαιμ': here "find/reach," + the prior gen.

1084. αἰωρήσασα < αἰωρέω, "lift" (cf. ἀείρω).

1088. (ἐ)πινικείω: "victorious."

1089. λόχον: "surprise attack."

1092. κασιγνήταν: "(his) sister," Artemis.
πυκνοστίκτων: "thickly spotted/dappled."
ὀπαδόν: "follower," i.e., "pursuer."

1094. στέργω: here "desire."
Third epeisodion. Enter Antigone, Ismene, and Theseus.

1096. τῷ σκοπῷ: "to this lookout (i.e., me)."

1097. ψευδόμαντις: refers to their "prophecy" at 1075-80.

1098. προσπολουμένας: "escorted by πρόσπολοι."

1100. τίς ἂν θεῶν: "which god might," nearly "if only some god would."

1102. ὦ τέκνον, ἢ πάρεστον: Oed. addresses Ant. both as an individual and as representing the two sisters.

1104. τό: with σῶμα (sing. standing for two).

1106. ἃ τεύξει: "what you are about to get" (< τυγχάνω). An acc. pron. may be used with a verb that normally governs another case (here gen.).
σὺν πόθῳ: "(is) accompanied by a longing (on our part)."

1108. ἔρνη < ἔρνος, "offspring" (lit. "young shoot").
πᾶν: apparently "every (child)."

1112. πλευρὸν ἀμφιδέξιον: "your side(s) on both sides (of me)."

1113. ἐμφύντε: "planted in," i.e., "clinging to," (aor.) dual pple.; cf. παρεστώσαιν (1111). The masc. form is often used for the fem. dual in adj.'s and pple.'s, nearly always in pron.'s.
κἀναπνεύσατον < ἀναπνέω, "rest"; J's conjecture (accepted by Dawe).

1116. ταῖς τηλικαῖσδε: emphasis on age not gender.

1119. πρὸς τὸ λιπαρές = λιπαρῶς ("insistently"), with μηκύνω λόγον.

1120. τέκν': governed by μηκύνω λόγον, i.e., "address at length."

1122. πεφασμένην < φαίνω.

Sophocles' Oedipus at Colonus 43

1127. τοὐπιεικές = τὸ ἐπιεικές, "fairness/goodness."

1128. τάδε: obj. of εἰδώς and ἀμύνω (here "requite").

1130. καί: with weak inferential force, "and so."

1131. φιλήσω: "kiss."

1132. σ': subject of infin.

1133. τίς οὐκ: in rhetorical question, = πᾶσα. ἔνι = ἔνεστι.

1135. οὖν: "in fact," strengthens οὐδ' (GP 420).

1136. οἷόν τε. . . τάδε: "is it permissible to share these miseries."

1137. αὐτόθεν μοι χαῖρε: "(accept my) welcome from right there." τὰ λοιπά: adverbial acc., "in the future" (usually sing.).

1139. πλέον: abs. compar., "rather great."

1140. θαυμάσας ἔχω = τεθαύμακα (see on 817).

1141. πρὸ τοὐμοῦ: "in preference to my (statement/comments)."

1142. βάρος: here "annoyance/vexation."

1145. ἐψευσάμην: here "cheated" (usually act).

1147. ἀκραιφνεῖς < ἀκραιφνής; "unsullied/untouched."

1148. ἀγὼν ᾑρέθη: pass. of τὸν ἀγῶνα εἷλον (here "won"). By using the pass. he avoids even the semblance of κομπεῖν.

1150. λόγος: "concerning a report," as if acc.; the nom. is due to anacoluthon or inverse attraction to ὅς.

1151. συμβαλοῦ: "contribute/give (me your. . .)."

1153. ἀτίζειν: "slight."

1155. μή: not οὐ because of the governing imper.

1157. πως: "in some way," merely indicates uncertainty about the details.

1160. ποδαπόν: "from what land?"

1161. σοῦ: objective gen. with μῦθον (S 1332), "conversation with you."

1162. πλέων: acc. of πλέως, "full." In fact, it will be full of ὄγκος.

1163. λόγου: "account."

1164. μόνον: "merely." The mss. (and K) have μολόντ', which

44   *Gilbert P. Rose*

would be governed by ἐλθεῖν, which is figurative--thus, "to
come and engage in. . . "

1165. τῆς δεῦρ' ὁδοῦ: "from his journey here."

1167. Ἄργος: This tells Oed. all (see 378).

1169. σχές: "stop" (see on 856).

1170. μή μου δεηθῇς: Oed. would have continued without "to see
him."
       πράγματος ποίου: obj. of δεηθῆς.

1171. προστάτης: here "suppliant" ("one who stands before a god,"
as at 1278).

1172. ψέξαιμι: probably potential even without ἄν (S 2552),
although J argues that the opt. is occasionally, as here, a more
remote version of the delib. subjunc.

1174. ἄλγιστ': superl. adv. of ἀλγεινός, "painful."

1175. τί δ': "what!" (GP 175).

1176. τί: "why?"

1178. μ' ἀνάγκῃ προσβάλῃς: probably "push me forcibly,"
rather than "force me to the necessity" (J).

1179. εἰ: "whether," with σκόπει.

1180. μή. . . φυλακτέα: probably a fear-clause, with comma not
semi-colon after σκόπει, "lest it be necessary for you to guard
against the god's concern (for his suppliant)." J and K seem to
take it as a doubtful assertion (S 1801, very rare before Plato),
roughly "(I fear) you must observe respect for the god." For
πρόνοια, see on προμηθία, 332.

1181. νέα: fem. (as the meter proves).

1182. τόνδε: Thes.

1183. ἃ βούλεται: "with respect to what he (Thes.) wants."

1184. νῷν ὕπεικε: "yield to us (and allow)."

1186. ἃ. . . λέξεται: The clause is either subject of
παρασπάσει or a loose appendage (called acc. of respect by J).
λέξεται is pass. (see on δηλώσεται, 581).

1187f. κακῶς ηὑρημέν': "evilly devised."

1188. μηνύεται: "are made known/revealed."

1189. σε: obj. of δρῶντα.

1191. θέμις. . . εἶναι: Since an acc. is demanded, θέμις must be acc., hence indeclinable in this phrase (S 285).

1192. ἔασον: Supply "him to come."

1194. ἐξεπᾴδονται φύσιν: probably "they are charmed (i.e., soothed) in their nature" (so K).

1200. ἀδέρκτων: a proleptic adj.; see on 528.
τητώμενος: "in that you are deprived."

1204. βαρεῖαν ἡδονήν: strained, compressed internal acc. (J), = (νικᾶτε) νίκην ὑμῖν μὲν ἡδεῖαν, ἐμοὶ δὲ βαρεῖαν; or possibly obj. of λέγοντες.

1205. δ' οὖν: "be that as it may."
Exit Theseus. Third stasimon. The meter is mostly aeolic. A famous lament on old age, which some, mistaking drama for autobiography, assume to reflect Sophocles' own feelings.

1212. τοῦ μετρίου παρείς: perhaps (if the text is sound) "leaving on one side (i.e., letting go of) the moderate (portion)"; gen. instead of acc. on the model of, e.g., μεθίημι.

1213. ζώειν: "to live/for living," epexegetic with χρῄζει and παρείς.
σκαιοσύναν: "stupidity."

1214. ἐν ἐμοί: i.e., "in my view."

1216. κατέθεντο: probably "store up" (J), gnomic aor.

1218. ὅπου: Supply ἐστί.

1220. τοῦ δέοντος: "than he should (of living)," pple. of δεῖ.
ἐπίκουρος: "helper/ally," perhaps with the gen. Ἄιδος (if the comma is removed).
ἰσοτέλεστος: "(is) accomplished (or else, "brings the end") equally (for all)."

1223. ἐς τελευτάν: "in the end/at last."

1225. λόγον: "reckoning," either any estimate of gain vs. loss or the sum of gains (from being born).
φανῇ: Subject is τις understood.

1226. κεῖθεν ὅθεν: J Prefers (and Dawe reads) κεῖσ' ὁπόθεν, "to there from where."

1227. πολὺ δεύτερον: J and K take as "next best by far," but it may = "much inferior" (though still second-best).

1229f. εὖτ' ἂν τὸ νέον παρῇ: probably "when one leaves youth behind" (< παρίημι), rather than ". . . is present" (< πάρειμι).

46		Gilbert P. Rose

1235. **ἐπιλέλογχε:** "(γῆρας) becomes one's lot next"; gnomic perf. (S 1948) of ἐπιλαγχάνω.

1235ff. **τό. . . ἄφιλον:** All the adj.'s are attributive modifiers except πύματον, "as the last thing." ἀπροσόμιλον = "without social relations."

1238. **κακὰ κακῶν:** like a superl., but probably stronger.

1239. **τλάμων ὅδ':** This subject has no verb but is replaced by τόνδε, 1242 (anacoluthon). 1239-48 is an epode, a final stanza with no antistrophe.

1240. **βόρειος:** "facing the north," modifies ἀκτά.

1241. **κυματοπλὴξ χειμερία:** a single notion, "beaten by wintry waves."

1242. **ὡς** = οὕτω here.
	κατ' ἄκρας: gen.; either "(coming) down from the crest" or "from top (to bottom)/utterly."

1243. **κυματοαγεῖς:** "breaking like waves."

1245. **δυσμᾶν** < δυσμή, "sinking/setting"; i.e., "from the west."

1246. **ἀνατέλλοντος:** "(from) the rising (of the sun)," lit. "(from the sun) rising."

1247. **ἀνὰ μέσσαν ἀκτῖν(α):** "in the (sun's) ray (< ἀκτίς) in the middle (of the day)," "at midday," i.e., "(from) in the south." Cf. μεσημβρία ("midday" or "south").

1248. **ἐννυχιᾶν ἀπὸ 'Ριπᾶν:** "from the 'Ρῖπαι (mountains in the north) wrapped in night."

	Enter Polyneices. Fourth epeisodion.

1249. **καὶ μήν:** See on 549.

1250. **ἀνδρῶν γε μοῦνος:** "without men." γε perhaps = "at that," emphasizing an important, additional point (GP 138-39). J contrasts οὐκ ἄνευ πομπῶν in Creon's entrance (723); Ant.'s words here would thus be meant to comfort Oed.

1251. **ἀστακτί:** "not in drops," i.e., "profusely."

1259. **γέρων. . . πίνος:** "aged dirt."

1260. **μαραίνων:** "withering/afflicting."

1261. **ἀκτένιστος:** "uncombed."

1262. **ἀδελφά:** "akin (to)."
	φορεῖ: probably in a beggar's pouch. Subject is Oed.

1264. **πανώλης:** "wretched" or "utterly ruinous" (1015) or both.

1265. **τροφαῖς**: dat. of cause or respect.

1266. **τἀμά**: i.e., "the charges against me."

1267. **γὰρ καί**: "inasmuch as even."

1268. **Αἰδώς**: See on 237.

1270. **ἄκη** < **ἄκος**, "cure."
      προσφορά: "addition"; they cannot be made worse.

1271. **τί σιγᾷς**: clearly follows one of the play's more dramatic moments.

1274. **ἅ**: "at what," i.e., "the reasons why" (internal or adverbial acc., S 1610); cf. 1291.

1276. **ἀλλ' ὑμεῖς γε**: a strong "you at least."

1277. **δυσπρόσοιστον κἀπροσήγορον**: "hard to approach or address."

1280. **ὦν χρείᾳ**: "(the things) in need of which."

1281. **τὰ πολλὰ. . . ῥήματ'**: "words (i.e., a plea) spun out at length."

1282. **δυσχεράναντ'** < **δυσχεραίνω**, "be angry."

1286. **ἔνθεν**: "from where," i.e., "from whose altar."

1289f. **ταῦτ'. . . κυρεῖν ἐμοί**: "that these (guarantees) fall to me/come to pass for me." The gen.'s all depend on ἀφ'.

1295. **ἀνθ' ὧν**: probably "in return for/in answer to this."

1298. **μέν**: with no δέ.

1299. **τὴν σὴν 'Ερινύν**: He probably means "the curse on (and transmitted by) you." See on πεπρωμένην, 421.

1300. **ἔπειτα**: "furthermore."
      ταύτῃ = οὕτω.

1301. **γάρ**: introduces nothing about μάντεις. Perhaps we must assume that they are those of his new army (J).
      Δωρικόν: Argos is in the "Dorian" Peloponnesus (cf. 696).

1302. **πενθερόν**: "(as) a father-in-law" (cf. 379).
      ξυνωμότας: "those bound by oaths/confederates."

1303. **γῆς. . . 'Απίας** = the Peloponnesus, named for a mythical king, Apis.

1305. **τόν**: probably used because the army (στόλον) now exists.
      ἑπτάλογχον: "with seven spears" (< λόγχη, cf. 1312), i.e., "in seven spear-armed units" (τάξεσιν, 1311), one for each of

Thebes' seven gates.

1308. εἶεν: "well then."

1313. οἷος: "such as (is)."

δορυσσοῦς: "δόρυ-hurling" (J), < σεύω.

1313f. τὰ πρῶτα. . . κρατύνων: i.e., "who holds first place."

1314. οἰωνῶν ὁδοῖς: "in the paths of birds." Through this prophetic skill, in fact, he foresaw his own death at Thebes.

1315. Αἰτωλός: "an Aetolian." Tydeus' son was Diomedes, his siblings were Meleager and Deianira, wife of Heracles.

1318. εὔχεται: probably "claims" (see on 59). The context is very Homeric and Polyneices is not likely to be criticizing Capaneus. In Aeschylus' *Seven Against Thebes*, however, he is an exemplar of arrogance.

κατασκαφῇ: "with a razing to the ground," dat. of manner.

1320. Ἀρκάς: "an Arcadian."

1321. ἀδμήτης < ἄδμητος (= ἀδμής, 1056), "virgin(al)," hence Παρθενο- in his name.

1321f. χρόνῳ μητρὸς λοχευθείς: "(and) born (from her,) a mother at last." Gratwick (*Clas. Rev.* 15 [1965] pp. 243-46) argues that χρόνῳ. . . Ἀταλάντης is a spurious insertion, intended to identify ἀδμήτης.

1322. Ἀταλάντης: a swift-footed virgin, who required her suitors to compete with her in racing.

1323. κεἰ: i.e., "or if."

1324. πότμου: Campbell compares *OT* 1080, where Oed. regards himself as son of τύχη, no matter who his human parents might be.

1326. ἀντί: here nearly = πρός, "by."

1328f. ὁρμωμένῳ. . . πρός: "setting out for (the purpose of)."

1329. τῷδ' ἀνδρί = ἐμοί.

1331f. A misinterpretation, it seems, of the same oracle (or a repetition thereof) reported by Ism. (387-454), concerning Thebes' need for Oed. against some foreign enemy (Athens, in fact). It could not be a new one, as J thinks, concerning just the brothers' conflict; since Oed. will refuse to side with *either* of them, the oracle would be made irrelevant.

1332. ἔφασκ': Subject is χρηστήρια.

1333. σε: For the position, see on πρός. . . ὅτι, 250.

κρηνῶν: often sacred (cf. 469-70).

ὁμογνίων: "of the same (i.e., your and my) family."

1337. ἐξειληχότες < ἐκλαγχάνω.

1339. ἀβρύνεται: "puts on airs."

1342. ἐν. . . ἄγων: Cf. Creon's words at 757-58, yet he was lying.

1344. ἔστι: probably vivid pres. for fut. (S 1879).

1346. τοῦ πέμψαντος: Thes. (from Poseidon's altar).

1348. ἀλλ': "well," indicating (reluctant) consent (GP 16-18). Despite his bitterness Oed. would rather not have said what he is about to say; others have forced the issue.

1350. ὥστ': "that," occasionally with a complementary infin.; Polyneices is subject of κλύειν.

1351. τἄν = τοι ἄν.

1352. ἀξιωθείς: Supply ἐπαισθάνεσθαι αὐτῆς.

1354ff. Actually, Creon was regent when Oed. was exiled (see 367-76). Perhaps Oed.'s wrath causes him to exaggerate here (so K).

1357. κἄθηκας: "made (him). . . and caused (him) to. . . "

1359. κακῶν: apparently appositional gen. with πόνῳ.

1361. μεμνημένος: with ἐμοί. . . οἰστέα τάδ᾽ in sense, but attracted to the nom. by the intervening ζῶ.

1362f. σύ, σύ, σέθεν: Repetition of a word at the beginning of successive clauses (anaphora) adds to the emotional impact. Cf. 1367-68.

1362. ἔντροφον: "nurtured in/living in."

1364. ἐπαιτῶ: "beg," + 2 acc.'s.

βίον: "sustenance."

1365. μή: in sense belongs right after εἰ.

1366. ἦ. . . μέρος: "I most certainly would not be alive, for all you cared."

1368. αἵδ'. . . συμπονεῖν: Cf. 335-45.

1370. εἰσορᾷ μέν: i.e., "looks (malignly) upon you (already, it is true, but. . .)"; the suppression of δέ "makes the words more impressive" (K).

1373. αἵματι: μιανθείς (< μιαίνω "pollute") suggests "with (a

50   *Gilbert P. Rose*

brother's) blood" (J). A possible play on σύναιμος, 1374.

1375. ἀράς: suggests also the Eumenides ('Αραί); cf. 1010-12.
πρόσθε: probably refers to 421-27.

1379. τοιώδ': dual of τοιόσδε. But "such as you are" seems meaningless, including J's "so evil" (even granted that τυφλοῦ has the main emphasis). Perhaps the conjecture τοιοῦδε is correct.
οὐκ ἔδρων: A negatived imperf. is stronger than an aor., = "would not do/refused to do" (S 1896).

1381. κρατοῦσιν: "control." Subject is αἱ ἀραί.

1382. ἀρχαίοις νόμοις: probably with ξυν- and governing Ζηνός; cf. 1267-68.

1383. ἔρρ(ε): "go/get out of here!"
ἀπόπτυστος: "spat out/disowned."

1391. τάσδε δαίμονας: the Eumenides.

1394. καί: apparently "even." καὶ... τε cannot = "both... and."

1398. σου: with ὁδοῖς, but an unnecessary conjecture for the mss.' σοι.
νῦν... πάλιν: Suppressed is the thought, "nor ξυνήδομαι in the journey you are *about* to take." ὡς τάχος = ὡς τάχιστα.

1403. ἀποστρέψαι: Supply αὐτούς as obj.; Ant. will shortly question him about this.

1404. ὄντ'... τύχῃ: Supply δεῖ με. For τύχη in this play, see on 1026.

1405. ἀλλ': introduces the command at 1409, but postponed for the voc. (J, see on 238).

1407. σφώ γ': "you at least."

1410. κἀν κτερίσμασιν: "and in (with) funeral honors," thus the basis for the action of Soph.'s *Ant.*

1411. κομίζετον: here "win from" (usually mid.).

1412. οἷς πονεῖτον: "through the labors which you have been undertaking."

1413. οἴσει: apparently "will have added to it."
τῆς ἐμῆς ὑπουργίας: "from/because of..."

1416. στρέψαι: probably act. infin. used as imper., rather than mid. imper. (K), which is normally intrans.

γε: "at that" (see on 1250), just with ὡς τάχιστα.

1417. διεργάσῃ < διεργάζομαι, "destroy."

1419. εἰσάπαξ = ἅπαξ.

1424. ἐς ὀρθὸν ἐκφέρει: probably (rare) intrans. act., "are coming out accurately to fulfilment" (with "by your obstinacy" perhaps implied).

1425. ἐξ ἀμφοῖν: "coming from both of you (brothers)."

1428. ἕπεσθαι: with τολμήσει. Supply σοί.

1429. φλαῦρ': probably "useless/idle," euphemistic for "unfavorable." He will not report the curse at all.

1429f. στρατηλάτου χρηστοῦ: "(it is the job or mark) of... ," a sort of possessive gen. (S 1304).

1430. τἀνδεᾶ = τὰ ἐνδεᾶ, "the lacking things," i.e., "the weaknesses in one's position."

1431. σοι δεδογμένα: "have seemed best to you," i.e., "are decided." Polyneices's farewell scene demonstrates that "as in the [*Oedipus*] *Tyrannus*, curses and oracles do not compel; they only predict" (H.D.F. Kitto, *Greek Tragedy*, rev. ed. [London 1950] p. 396, n. 2).

1435. σφὼ... εὐοδοίη: "guide you well down the path/give you good fortune."

1436. οὐ... αὖθις ἕξετον: perhaps "you will not be able (to do anything) hereafter," but the verse is probably corrupt.

1437. χαίρετον: "farewell."

1438. βλέποντα: "seeing (the light of day)."

1440. προὖπτον Ἅιδην: "a foreseen (< πρόοπτον) death."
κάσι = κασίγνητε.

1441. μὴ σύ γ': "don't!" σύ is unemphatic (GP 122).

1442. τἄρ = τοι ἄρα, "it seems."

1443. ἐν: "(are) in (the power of)."

1444. καὶ τῇδε φῦναι χἀτέρᾳ: "(so as) to be both this way and that," i.e., "whether they will turn out this way or that."
σφῷν: "for *you*/on *your* behalf."

1445. ἀρῶμαι: here "pray."

1446. πᾶσιν: "in the eyes of all."

Exit Polyneices. Kommos (see on 510).

1447. νεόθεν: either "newly" or "from a new occasion" (Polyneices's supplication).
       μοι: probably ethical dat., "for me to see."

1450. εἰ. . . κιγχάνει: "unless, by chance, *fate* is reaching (its goal)."

1451. ἀξίωμα: here "decision."

1454. στρέφων μὲν ἕτερα = τὰ μὲν στρέφων ("overturning"), if sound.

1455. παρ' ἦμαρ "on the next day" (J and LSJ), or perhaps "in the course of time."

1456. ἔκτυπεν: Homeric aor. of κτυπέω, "crash/resound." Apparently a thunderclap has just been heard or is to be imagined.

1457. πῶς ἄν: nearly "if only somehow" (see on 1100).

1462. ἴδε = ἰδέ, "look!" "there!"
       ἐρείπεται: "is crashing down."

1463. διόβολος: "hurled by Zeus."

1464f. ἄκραν. . . φόβαν: "the tip of the hair."

1466. ἔπτηξα < πτήσσω, "cower"; dramatic aor. (see on 891).

1469. ἅλιον: "in vain," adv. of ἅλιος.

1474. συμβαλών: here "inferred."

1477. ἔα: exclamation of surprise.
       ἰδού = ἴδε.
       μάλ' αὖθις: strengthened for αὖθις.

1479. διαπρύσιος ὄτοβος: "the piercing noise."

1480. ἵλαος: Supply ἴσθι or εἴης.

1481. ἀφεγγές: "dark/dire" (< φέγγος).

1482. ἐναισίου: "favorable."

1483. ἄλαστον: "wretched/accursed."

1484. μετάσχοιμι: here "have (as my portion)," usually + gen. ("have a share of").

1485. ἄνα = ἄναξ (voc.).

1488. τί. . . φρενί: J takes as "what is the pledge (to be given by Thes.) that thou wouldst have fixed in thy mind?" West (*Bull. Inst. of Clas. Stud.* 26 [1979] pp. 114-15) offers, "why would it be that you want your mind to be found in sound state?" (lit.

"... that you want dependability to prove to be in ... ").

1489. τελεσφόρον: "that brings fulfilment (of my promise)."

1490. δοῦναι: Supply θέλω.

σφιν: rare as sing. (J, S 325e; Campbell says never, and takes as pl., meaning the Athenians).

τυγχάνων: "when I was getting (χάρις from him)."

1492. εἴτ': meaningless (despite J); the text is corrupt.

γύαλα: "glen" (presumably where Thes. is).

1494. Ποσειδωνίῳ θεῷ: apparently = Ποσειδῶνι, if sound.

1495. βούθυτον: "sacrificial."

Enter Theseus.

1500. αὖ: implies their prior summons (cf. 887).

ἐμφανής = σαφής. Used for variety or because three syllables were needed.

1502. μή: "surely not," but suggesting fear of an affirmative answer.

1503. χάλαζ' ἐπιρράξασα: "hail that has burst upon (you)" (< ἐπιρράσσω).

πάντα: "anything," obj. of εἰκάσαι.

1504. πάρα: here "it is easy."

1507. νέορτον: "newly arisen."

1508. ῥοπή: "turning down/falling," life being pictured as placed in one pan of a scale; when the pan falls, death comes.

1509. ψεύσας: See on 1145.

1510. ἐν. . . κεῖσαι: probably "rest on," i.e., "rely on" (K), not "are in suspense at" (J).

1512. προκειμένων: "fixed/appointed" (cf. 94-95).

1514. πολλά: probably adverbial with διατελεῖς, "very incessant."

1515. στράψαντα = ἀστράψαντα.

1517. χὤ: καί = "and so."

1518. σοι: See on 785.

1523. ἐν οἷς. . . τόποις: vaguer than οὗ (see on χώρους, 2).

1524. πρό: i.e., "better/more than."

1525. δορός τ' ἐπακτοῦ γειτόνων: "and an imported spear (i.e., army) of neighbors (i.e., allies)." Dawe has γειτονῶν (pple. of γειτονέω), "by being adjacent (to your city)."

1526. ἐξάγιστα: "accursed," i.e., "taboo."

1531. **προφερτάτῳ**: probably "preeminent in power" (< προφερής).

1532. **τὠπιόντι** = τῷ ἐπιόντι, "the one coming next/the successor."

1533. **ἀδῇον**: "unravaged," governs ἀπ'.

1534. **σπαρτῶν**: "sown" (cf. σπείρω), referring to the Thebans, whose original ancestors sprang from dragon's teeth planted by Cadmus.

1535. **τις οἰκῇ**: probably "one (a πόλις) is governed" (J), not "a man governs." Verses 1534-37 are a warning that *Athens*, even if now well governed, could easily go astray, or, less probably, that *Thebes* (J) could easily act violently towards a well-governed neighbor.

1536. **εὖ μὲν ὀψὲ δ'**: "though. . . , yet. . . "; explains why cities feel free καθυβρίσαι.

1539. **οὖν**: probably transitional, "now."
   εἰδότ(α): "one who (already) knows."

1541. **ἐντρεπώμεθα**: apparently "hesitate" (J).

1546. **μοῖρ'**: "(it is) fate(d)."

1548. **πομπός**: i.e., ψυχοπομπός, "guide of ψυχαί (to Hades')."
   ἡ. . . νερτέρα θεός: Persephone; cf. 1556.

1549f. **ὤ. . . δέμας**: The apparent contradiction (oxymoron) of φῶς ἀφεγγές (= the sun) has great pathos for the blind man, as do που, "I suppose"; ἔσχατον, "for the last time"; ἅπτεται, "touches/grasps" (more active than "feels"); and δέμας, "my ἄθλιον shell" (cf. 109-10, 576).

1554. **κἀπ' εὐπραξίᾳ**: "and *in* your good fortune."

1555. **μέμνησθε**: perf. imper.

   Exeunt all but the Chorus. Fourth stasimon.

1559. **ἐννυχίων**: i.e., "the dead."

1561. **ἄπονα**: adv. with ἐξανύσαι; a conjecture.
   ἐπὶ βαρυαχεῖ: "with a μόρος (1563) of heavy wailings" (cf. ἠχέω), or else ". . . of heavy grief" (cf. ἄχος).

1562ff. **ἐξανύσαι. . . τὰν παγκευθῆ. . . πλάκα**: "reach (< ἐξανύω) the all-concealing plain (< πλάξ)."

1565. **μάταν**: perhaps "pointlessly"; possibly corrupt.

1568. **χθόνιαι θεαί**: Demeter and Persephone, or else the Eumenides.

Sophocles' Oedipus at Colonus   55

1568f. σῶμά τ' ἀνικάτου θηρός: i.e., Cerberus, but σῶμα may suggest size and strength.

1569. ὅν: subject of the infin.'s, which are governed by λόγος ἔχει, 1573.

1571. κνυζεῖσθαι: presumably something like "snarls" ("whines" elsewhere).

1574. τόν: refers to Cerberus, subject of βῆναι.
ὥ. . . Ταρτάρου: uncertain reference, but usually taken as Θάνατος (so too, σέ, 1578).

1575. ἐν καθαρῷ βῆναι: "go on clear (ground for the stranger)," i.e., "stay out of his way" (J, who, however, suspects the text).

1578. τοι: with σέ conveys "a summons to attention" (GP 542), "hear me."
τὸν αἰένυπνον: "who give eternal sleep."
Enter Messenger. Exodos, the remainder of a play after the final stasimon.

1579f. ξυντομώτατον μὲν ἂν τύχοιμι: "I would hit the target (succeed) with the greatest brevity." ξυντομώτατον is adv.

1582. τἄργ': Supply βραχέα ἦν.

1583. γάρ: "what!"
ὡς: occasionally, with a pple. in indir. statement, seems merely to emphasize that there are good grounds for the claim (cf. S 2120) -- "(know) with assurance (that)."

1584. τὸν ἀεί: almost surely corrupt.

1587. ὡς: "how."

1590. ἀφῖκτο: unusual plpf. for aor. in a "when"-clause (S 1954).
καταρράκτην: "steep," because it leads to the underworld.

1591. χαλκοῖς. . . ἐρριζωμένον: "rooted from (i.e., in) the earth by bronze steps." See on 57.

1592. πολυσχίστων: "much-split/divergent."

1594. Περίθου: Peirithous, friend of Thes. after the latter became king. Together they attempted to steal Persephone for Peirithous from the underworld, descending presumably near this spot.
ξυνθήματα: apparently "(tokens of their) compact."

1595. μέσος: "midway (from)," i.e., surrounded by four (now unidentifiable) landmarks.
Θορικίου: "of Thoricus," an Attic deme.

1596. ἀχέρδου: "wild pear-tree."
       λαίνου: "of stone."

1597. δυσπινεῖς στολάς: "filthy clothes."

1598. ἠνώγει < ἄνωγα.
       ῥυτῶν: "flowing."

1600. εὐχλόου: "verdant," i.e., "who protects young plants" (J).
       προσόψιον: probably "in full view."

1601. ἐπιστολάς: "commands," i.e., "things ordered."

1603. ᾗ: "with which (ἐσθῆτι)" or else "as."

1604. παντὸς. . . δρῶντος: unlikely case of act. pple. for pass., despite superficial similarity to 267 (noted by K). Dawe accepts the conjecture εἶχ᾽ ἔρωτος, "had the satisfaction of every desire."

1605. ἀργόν: "neglected" (< ἀεργόν).

1606. κτύπησε: augment omitted as often in messengers' speeches (and Homer).
       Ζεὺς χθόνιος: Hades.

1607. ῥίγησαν < ῥιγέω, "shudder."

1609. ἀραγμούς: "beatings."
       παμμήκεις: "very loud" (J, comparing 489) or "prolonged" (K). Breast-beating and wailing were traditional female expressions of grief over the dead.

1610. ἐξαίφνης: apparently adv. for adj., "sudden" (J).

1611. πτύξας < πτύσσω, "fold/wrap."

1615. ἀλλ᾽. . . γάρ: See on 755.

1621. λύγδην: "with sobs."

1622. ὠρώρει: intrans. plpf. of ὄρνυμι.

1624. θώυξεν < θωύσσω, "call loudly (upon)."

1624. πάντας: subject of στῆσαι, which is transitive (as always).

1626. θεός: unidentifiable; cf. τινός, 1623.

1627. ὦ οὗτος οὗτος: "you there" (S 1288a), but the repetition is unusual and probably peremptory.

1628. τἀπὸ σοῦ: "your part," either subject or acc. of respect with the verb taken as impersonal.

1630. οἱ = ἑαυτῷ, probably "to him" (see on 70), not "for his sake" (ethical dat.).

Sophocles' *Oedipus at Colonus*   57

1631. **φίλον κάρα:** a not uncommon, affectionate voc.

1632. **μοι:** ethical dat., not indir. obj.
ὁρκίαν: The mss. (and K) have the probably sound ἀρχαίαν ("time-honored," Campbell).

1635. **φρονῶν εὖ:** "with good intention" (cf. εὔνους, 499), with τελεῖν.

1636. **οἴκτου:** here the *expression* of pity, "lamentation."

1638. **ὅπως:** "when" (cf. ὡς).

1639. **ὧν:** "his," < ὅς, a 3rd-person possessive adj.

1640. **τὸ γενναῖον:** "the noble (course of action)."

1642. **φωνούντων κλύειν** = ἡμῶν φωνούντων κλύειν (ἃ μὴ θέμις ὑμῖν κλύειν).

1643. **κύριος:** probably "who is entitled to."

1645. **φωνήσαντος:** Supply "him," not "that he."

1646. **ἀστακτί:** "profusely"; a rare word, it occurs nowhere else in Soph. except 1251.

1648. **ἐξαπείδομεν:** "saw from a distance."

1650. **αὐτόν:** "by himself/alone."
ὀμμάτων ἐπίσκιον: "as a cover for his eyes" (< σκιά), modifies χεῖρ'.

1651. **ὡς:** "as if."

1653. **βαιόν:** "in a short while."

1655. **λόγῳ:** "prayer."

1659. **ἐξέπραξεν:** here "made an end of/destroyed."

1662. **εὔνουν:** predicative with διαστάν (aor. pple.).
ἀλύπητον: probably "without paining (Oed.)." Dawe has ἀλάμπετον, "unlit."

1663. **στενακτός:** "in a way such as to provoke wailing," i.e., "lamentably."

1666. **οὐκ ἂν παρείμην:** probably "I would not (deign to) seek pardon (from those)."

1667. **χοὶ προπέμψαντες φίλων:** "and those (of our) friends who had escorted (them)."

Enter Antigone and Ismene. Kommos.

1671. **οὐ. . . μή:** "not in part without the rest," i.e., "totally," with στενάζειν.

58   *Gilbert P. Rose*

ἔμφυτον: "native to (us)." She is bewailing her own and Ismene's sufferings, resulting as they do from the blood-tie with Oed.

1674. ἄλλοτε μέν: i.e., "although previously," belongs in sense right after ᾧτινι (= Oed.).
ἔμπεδον: "continuously."

1675. παροίσομεν: apparently "set before (you)/speak of."

1676. ἰδόντε καὶ παθοῦσα: an extreme case of mixed gender-forms in the dual (see on ἐμφύντε, 1113).

1678. ἐν πόθῳ λάβοις: if sound, "conceive it in a wish," i.e., "wish."

1679. τί γάρ: i.e., "of course" (GP 85).

1683. τάλαινα: probably of herself, not Ismene.

1685. ἀπίαν: "distant," acc. of extent ("over...").

1687. δύσοιστον: normally "hard to bear," but perhaps "hard to win" (see on φέροντα, 6).

1688f. κατά... ἕλοι = καθέλοι (tmesis, mostly in poetry), perhaps "overtake" (+ infin. of result).

1693. διδύμα: dual of δίδυμος, "twofold," here "two."

1694. τὸ... φέρειν: J has "endure that which brings (good or evil) ..." (infin. for imper.), but the reading is uncertain.

1695. οὖτοι κατάμεμπτ' ἔβητον: "you have come to a point (are in a situation) where you certainly cannot complain." κατάμεμπτ(α) is adv.

1697. ἄρ' ἦν τις: "there is in some sense (τις), it turns out." The imperf., often with ἄρα, may express a sudden realization (S 1902).

1699. καὶ τόν: "(not only the πόνοι, but) also him" (K).

1701. εἰμένος: mid. of ἔννυμι, "wrap in," + acc. (here of metaphorical clothing).

1702. γ' ἔνερθε: "down below," a conjecture.

1704. ἔπραξεν: "he fared (how)?"

1709. ἀνά: prefix with στένει (tmesis), if a correct conjecture.

1710. δακρῦον: pple., not noun (δάκρυον).
ἔχω: i.e., "know."

1711. σόν: "for you," objective gen. with ἄχος.

1715. The lacuna (gap) has been posited for metrical responsion. Since the syntax seems unbroken, the lacuna may belong instead at the end of Ismene's speech.

1717. ἐπαμμένει = ἐπαναμένει (see on 435), "waits for."

1720. ἔλυσε... βίου: "closed the end of life" (J).

1722. κακῶν... δυσάλωτος: "hard-caught by evils/hard for sufferings to capture."

1724. συθῶμεν: For the form, see on 119.
ὡς = ὅπως; with a fut., formally a clause of effort, but virtually of purpose (S 2203).

1729. μῶν οὐχ ὁρᾷς: "surely you do not fail to see (that)?" For μῶν (< μὴ οὖν), see on 1502.

1730. ἐπέπληξας < ἐπιπλήσσω, "chide."

1731. καὶ τόδ', ὡς: Instead of answering, Ismene adds a new point.
μάλ' αὖθις: See on 1477.

1732. ἔπιτνε = ἔπιπτε.

1733. ἐπενάριξον < ἐπεναρίζω; "kill (me) over (him or his grave)," or else "kill (me) in addition (to him)" (J).

1739f. καὶ... κακῶς: The sense seems to be "you have escaped evils before," but 1739 is corrupt in the mss. With this restoration τὰ σφῷν is subject of ἀπέφυγε, which takes the construction of verbs of prevention (i.e., do not translate μή).

1739. πάρος: probably refers to the rescue from Creon, rather than to the promise from Thes.

1740. πίτνειν: here "fall (out)/turn out" (again like πίπτω).

1741. φρονῶ: probably "I am thinking (about...)" (so K).

1743. μηδέ γε μάτευε: "and don't seek to either" (GP 156).

1744. μόγος: "hardship."
ἐπεῖχε: probably "held you (in its power)," like ἔχει just before.

1745. τοτὲ... ὕπερθεν: "sometimes ἄπορα (adv.), sometimes beyond (i.e., worse)." She is rebuffing the standard consolation based on the surmounting of past troubles.

1746. πέλαγος: Supply κακῶν, a common phrase in tragedy.
τι: probably "a kind of," as often with metaphors (S 1268).

Enter Theseus. The meter to the end is anapestic.

60   Gilbert P. Rose

1751. ἐν οἷς: "in cases in which" (J) or "among those for whom" (i.e., the Chorus, representing the community).

1752. χάρις. . . ἀπόκειται: probably "the favor from the dead (= Oed.) is laid in store in common (i.e., as a common, public benefit)" (Campbell). ξυνά is adv. of ξυνός (= κοινός). J has "the kindness shown by the χθόνιοι (= the powers below). . . as a common benefit (to Oed. and the Athenians)."

1755. τίνος. . . χρείας ἀνύσαι: gen. with verb of supplication + epexegetic infin.

1762. ἐπιφωνεῖν: "approach. . . with utterance" (J) or "invoke" (K).
μηδένα: subject of both infin.'s.

1766. οὖν: "accordingly" (i.e., in view of the promised benefits), introducing the essential idea, "I swore."
δαίμων = the θεός of 1626.

1768. ἔχει κατὰ νοῦν κείνῳ: "are to his liking" (lit. "his mind/intent"), a common phrase.

1770. ὠγυγίους: "very ancient."
ἐάν: "in the hope that."

1773. πάνθ': not a second obj. of δράσω, but acc. of respect with ἀποκάμνειν, 1776.

1776. πρὸς χάριν: parallel to πρόσφορα, governs τῷ κατὰ γῆς.

1777. ἐπί: apparently tmesis; if so, πλείω modifies θρῆνον.

1779. ἔχει τάδε κῦρος: either "these (promises) have (Thes.'s) authority" (J roughly), or "these (events) have (divine) authority." Under either interpretation the power of these words to console is, as with so much else in Soph., debatable. Despite Oed.'s miraculous heroization, the play ends darkly, like Ant. and OT-- with death, a θρῆνος, and intimations of continued sufferings.